TOUJOURS LÀ, TOUJOURS PRÊT

du même auteur au **cherche midi**

Histoire d'urgences, 2007.

Urgences pour l'hôpital, 2008.

Histoire d'urgences tome 2, 2010.

Urgences... si vous saviez, 2012.

On ne vit qu'une fois, 2014.

chez d'autres éditeurs

Urgentiste, Fayard, 2004.

J'aime pas la retraite, avec Charb, Hoëbeke, 2008.

On ne meurt qu'une fois et c'est pour longtemps, Robert Laffont, 2013.

Vous aimez les documents ? Inscrivez-vous à notre newsletter pour suivre en avant-première toutes nos actualités :
www.cherche-midi.com

23, rue du Cherche-Midi
75006 Paris

Patrick Pelloux

TOUJOURS LÀ, TOUJOURS PRÊT

Préface de Gérard Mordillat

Dessins de Charb

COLLECTION DOCUMENTS

cherche midi

ALORS, PELLOUX?
BAH, C'EST LA PROSTATE...
CHARB.

Préface

En 1930, sous le parrainage d'Ezra Pound paraît le numéro 37.5 de la revue *Poetry* où, pour la première fois, apparaît le terme « objectivistes » pour désigner de jeunes poètes, Louis Zukofsky, Charles Reznikoff, George Oppen, Carl Rakosi... Leur travail se veut une approche du réel au plus près, écartant le lyrisme et l'emphase, évitant les marais du pathos et de la métaphore, les gratuités de l'art pour l'art. Leurs poèmes s'écrivent de mots quotidiens, loin des crédences petites-bourgeoises du « beau langage ». Une sorte d'ascèse littéraire qui, selon Paul Auster, « permet aux événements de parler par eux-mêmes ». Charles Reznikoff expliquait : « Il y a un auteur qui ne décrit pas directement ses émotions mais ce qu'il voit et ce qu'il entend, qui s'en tient presque à un témoignage de tribunal, qui s'exprime indirectement par le choix de son sujet et de sa musique s'il écrit en vers. » Dans son recueil *Holocauste*, on trouve ces vers d'une effrayante simplicité :

> ***Les enfants arrivaient au camp dans des bus,***
> ***gardés par les gendarmes du gouvernement français***
> ***de Vichy.***

Les cars s'arrêtaient au milieu de la cour et les enfants étaient rapidement emmenés pour laisser place aux cars suivants.

Patrick Pelloux n'est pas un poète, ses chroniques ne sont pas écrites en vers ; il est pourtant l'héritier direct de ces « objectivistes » qui décrivirent l'Amérique avec une force incomparable, sans rien masquer de l'injustice, de la violence, du racisme, de l'antisémitisme qui gangrenaient la société de leur temps. Patrick Pelloux – qui est médecin urgentiste – pose chaque semaine le doigt « où ça fait mal ». Sur les plaies vives d'une France où les fous errent sans soins, où les pauvres meurent dans une solitude absolue, où les vieux sont poussés au tombeau, où la lâcheté, l'abandon, le cynisme dominent l'exercice de la médecine dans tous les registres du savoir, du pouvoir, de l'avoir, du devoir... du mouroir.

Loin des ors et des pompes qui saluent d'ordinaire les héros sans peur et sans reproche de la République, Patrick Pelloux constitue ainsi une « histoire de France ». Une histoire du pays vivant, du pays réel, c'est-à-dire du pays souffrant, du pays malade, du pays fiévreux de maux qui sont tout autant physiques que psychologiques, qui sont tout autant politiques qu'économiques. C'est une description clinique, sans affect, qui ne cherche pas à prendre les lecteurs par les sentiments mais, face à un cas, les invite à réfléchir, à s'interroger sur leur propre attitude, à regarder le monde tel qu'il est, dans ses horreurs, dans ses beautés et non à se perdre dans la contemplation de soi-même, ce narcissisme contemporain qui gangrène tant de publications. Il y a dans les textes de Patrick Pelloux une dimension morale, une dimension pédagogique, animées par une énorme générosité, une empathie envers les autres, quels qu'ils soient, d'où qu'ils viennent, quelles que soient leurs souffrances.

Mais au-delà du témoignage, ou plutôt pour que ce témoignage atteigne le lecteur au centre de l'œil, il faut une forme, un style ; et c'est là que Patrick Pelloux rejoint les poètes objectivistes américains. Dans *Toujours là, toujours prêt,* à l'instar de Reznikoff et des autres, il pratique une économie d'adjectifs et d'adverbes, de phrases explosives d'indignation, d'adresses déchirantes qui font pleurer les yeux et trembler le menton. Ici, pas de lamento, de larmiers où un autre que lui verserait volontiers quelques litres de compassion à bon compte. Patrick Pelloux écrit sec et droit – ce qui n'exclut pas l'humour, cette éternelle « politesse du désespoir ». En réalité, comme disait Giacometti lorsqu'on l'interrogeait sur la maigreur de ses sculptures, il « ôte tout ce qui n'est pas nécessaire ». Et c'est alors que tout devient terrible et bouleversant.

GÉRARD MORDILLAT

CHÉRIE, METS LA TÉLÉ, C'EST L'HEURE DES ATTENTATS!
CH.

L'Adieu aux larmes

Voici donc l'instant que je redoute tant : celui du triangle de la création entre la page blanche, vos sensibilités et la mienne. D'habitude, le trac est là pour être certain de susciter un peu d'émotion, de réflexions, de colère, mais cette fois il y a comme un froid glacial entre les mots, des nuages entre les lignes. Nous sommes à une croisée des chemins horrible et consternante qu'il faut passer pour pouvoir survivre aux drames que nous avons vécus en janvier 2015. Ceux qui sont morts à *Charlie Hebdo* comme à l'Hyper Cacher sont indissociables et ils sont morts par des attentats politiques. Le peuple s'est soulevé le 11 janvier car il a senti qu'ils avaient attaqué la France, ce que notre histoire a construit, ce que nous sommes, et ce qui sera. Les femmes et les hommes tués en janvier ne sont pas morts pour rien et c'est de notre responsabilité individuelle et collective que les choses continuent. Lors de mon dernier livre, *On ne vit qu'une fois*, Charb avait bien rigolé du titre et il en avait écrit la préface. Il était toujours là quand je faisais quelque chose pour rajouter un bonhomme, une vanne, une réflexion politique ou me dire « C'est chiant » ou « Fonce, petitou » ou « Travaille, Chouchou ».

C'est un déchirement pour moi de faire ce livre car ce sera le dernier lien avec mes amis de *Charlie Hebdo*. Comme toutes et tous, la douleur est profonde, lancinante, permanente, diffuse. Une partie de moi est encore bloquée au 7 janvier 2015. Tel un bateau amarré au port qu'une tempête veut arracher à une bitte, j'essaie de tenir. Voilà ! Ça commence là, *Charlie Hebdo*. Avec ce mot à la phonétique suggestive et qui n'a rien à voir avec le sujet ! Profitez de ce hasard pour rire : j'essaie de faire une belle phrase et ce mot ridicule qui colle si bien aux navires se met à avoir la force de poser sur votre visage l'esquisse d'un sourire. La tragicomédie de la vie, les bêtises humaines, la violence des êtres ne feront jamais rire, mais travailler la matière du quotidien, se moquer de la gueule des bourreaux, des intégristes, des terroristes, des nazis, des cons, des religions et des pouvoirs politiques, c'est le jeu de *Charlie Hebdo* et dans les rôles d'une démocratie et de la philosophie. Le rire est une expression de la liberté.

Charb était le directeur du journal *Charlie Hebdo*, un journaliste, un dessinateur et il possédait l'art de faire rire ! Notre peuple a cette tradition dont les racines sont Rabelais, Molière, Tati, Dubout... Stéphane Charbonnier, dit Charb, avec les autres du journal, était à l'image du pays avec cette profonde culture, ses expressions épicuriennes et son goût immodéré pour les droits de l'homme et la laïcité. S'il y avait bien un homme de rigueur, de droiture et d'intelligence, c'était Charb. Son métier était le plus difficile : faire rire et sourire. Ce sont vraiment les expressions les plus complexes que je connaisse de la médecine et il y a toujours une part mystérieuse à faire rire quelqu'un et pas un autre. Charb comme Tignous, Wolinski, Honoré, Cabu avaient ce génie de pouvoir faire rire ou suggérer une idée, une contestation par un de leurs dessins et trouver le petit truc qui dans la situation la plus épouvantable pouvait entraîner un rire. Comment dissocier une dictature et une terreur d'un régime politique garant des droits fondamentaux : par la liberté d'expression, la culture et le rire ? Les humoristes, les comiques, les gens de culture sont des bonnes âmes à quelques défauts près.

Charb était toujours habillé à peu près pareil dans une sorte de *Charb's fashion* : avec des baskets, un pantalon militaire, car il pouvait mettre ses crayons dans les poches, une marinière ou un t-shirt, un pull marin ou pas et une veste, sans oublier ses lunettes et sa casquette toujours achetée au stand des camarades de Cuba Si. Charb était un homme simple dans ses habitudes et ses goûts et jamais homme à se forcer. Il ne buvait que du thé, jamais de café, et grand amateur de chocolat, d'orangettes et de Granola. Quand il venait à la maison, ce qu'il préférait, c'était la charcuterie et les côtes de bœuf que je cuisinais toujours avec les légumes de Joël Thiébault ! Enfin, nous avions chacun un rameur devant nos télévisions. Il me battait toujours en ramant parfois plus d'une heure en regardant des séries ! C'était proportionnel à nos soucis. Nous sortions souvent ensemble pour aller à des concerts de potes ou au théâtre. Les rencontres récentes que nous avions faites faisaient qu'il avait dans l'idée de s'investir dans le théâtre. Déjà, une compagnie de théâtre avait mis en scène ses fatwas, des textes très drôles sur des sujets très variés. Il avait été très heureux lorsqu'au Théâtre du Rond-Point il y avait eu les lectures de mes agonies des gens célèbres. Notre envie était d'essayer de faire un jour une pièce de théâtre. Nous adorions le théâtre et les acteurs comme Claude Aufaure, François Morel, Jacques Weber... En décembre 2011, avec tout le journal, nous étions allés défendre le Théâtre du Rond-Point, dirigé par le formidable Jean-Michel Ribes, qui était attaqué par des intégristes religieux qui n'aimaient pas la pièce *Golgota picnic*, de Rodrigo García. Oui, vous lisez bien: en 2011 en plein Paris, des intégristes ont attaqué un théâtre! Comme leur a répondu Jean-Michel Ribes: on ne vous empêche pas de croire, ne nous empêchez pas de penser! Charb travaillait à l'écriture théâtrale en faisant des sketches vidéo très drôles, pour contrer toutes ces vidéos horribles de propagande de Daesch ou d'attentats, de décapitations, ou les extraits que les chaînes d'info passent encore sans trop signaler que ce sont des propagandes djihadistes.

À *Charlie Hebdo*, Charb portait avec toute l'équipe un message par le rire contre la haine et l'intolérance! *Charlie Hebdo* comme *Le Canard enchaîné* et *Siné Mensuel* sont les derniers d'un exercice très rare dans le monde: une presse libre et qui fait rire de tout. *Charlie Hebdo* a été l'un des seuls journaux à publier les caricatures du journal danois *Jyllands-Posten* en 2006. Si tous les journaux avaient agi et soutenu cette action, les choses auraient été différentes. *Charlie Hebdo* n'a jamais lâché le combat contre les terroristes et les haines intégristes moyenâgeuses. Les religions ne savent pas combattre celles et ceux qui se servent de la religion pour assouvir leur soif de destruction de tout.

Charb était un homme de grand courage avec une vaillance politique et un solide humanisme. Son combat était contre ces intégristes et ceux qui les soutiennent de près ou de loin comme les journalistes et intellectuels qui avaient signé en 2011, après le premier attentat, une tribune contre *Charlie Hebdo*! Je pourrais faire des livres entiers sur nos souvenirs. Par exemple, lors du premier attentat contre le journal en septembre 2011, nous nous étions retrouvés là-bas à 5 heures du matin, les locaux fumaient encore. Il était catastrophé de voir que ces nouveaux locaux avaient brûlé, mais il ne perdait pas sa volonté de combattre ! Il a fait tous les plateaux de télé et parlé comme jamais du dessin de presse et de la lutte pour défendre la liberté d'expression contre les intégrismes religieux qui veulent le Moyen Âge. Nous avons fait une manifestation où il a roulé une pelle à Luz. Non, nous n'étions pas homos ! Nous aimions la transgression et la tolérance. Nous voulions dire que notre réponse était l'amour ! Quelques jours après, nous étions allés voir la mer, comme nous faisions de temps en temps : des week-ends pour sortir du périphérique. Comme d'habitude, dans l'eau nous déconnions sur tout et il a eu l'idée de faire un *Charlie Hebdo* responsable, c'est-à-dire avec plus rien dedans, à côté du *Charlie* normal : irresponsable ! Ce journal est singulier, il fait réagir, il combat, il fait rire ou gueuler, il se motive avec les pires horreurs afin justement de tenir le cap pour les détruire. Souvenez-vous des dessins de Reiser ou Gébé, ou des unes de *Hara-Kiri* lors du combat politique pour l'avortement ou la peine de mort, les dessins de Cabu contre les guerres ! Cavanna disait que *Hara-Kiri* avait été probablement aux origines de Mai 68. Toute l'équipe de *Charlie* était indissociable de l'humour de ces années-là, à la fois poétique, caustique, anarcho-libertaire, libertin, empathique, écolo... dans la droite ligne de Reiser, Gébé, Fred, Topor, Choron, Cavanna, Coluche...

J'aimerais écrire tous nos souvenirs pour ne pas les oublier, car avec le temps ils partent en fumée. Être proche de Charb a été un bonheur et une chance, c'était comme rêver à cerveau ouvert. Les fous rires, avec lui et souvent en présence des amis, ça partait de rien. Surtout à table, en fait, car il comparait souvent ce qu'on mangeait à des parties génitales ! Ses expressions comme « Ça va jamais rentrer ! » étaient comme des boutons-poussoirs à rire. Il était la gentillesse même pour les plus casse-couilles. Plus d'une fois je le voyais partir malgré la fatigue dans des écoles, dans des conférences à plusieurs heures de route, pour parler du dessin de presse, du journalisme, et de son sujet préféré, la laïcité. Pour lui, ce dernier thème était l'enjeu du nouveau millénaire.

Charb et moi, c'était un peu ce sublime poème de Robert Desnos : « On ne quitte pas son ami comme un soulier dont la semelle prend la boue et la pluie. » Les voix, les télés, les reportages, les conférences, les centaines de photos... quand je regarde tout ça, je me dis que je ne voyais pas le bonheur sous mon nez ! Ils l'ont massacré et assassiné, mais ils n'ont pas tué son œuvre et il a transmis cette rage du travail et des convictions pour un monde meilleur. Je voudrais arrêter le temps pour le voler à la mort, mais le temps passe et le deuil fait son chemin.

Nos anniversaires étaient à deux jours près avec Charb et Tignous. Chaque année, nous les fêtions ensemble. Rien n'était préparé, comme pour les fêtes les mieux réussies. Une année, nous étions dans un excellent restaurant et au fur et à mesure que le temps passait, que les bouteilles se vidaient, Charb a dessiné sur tout ce qui se présentait. Les copines, les assiettes, la nappe... La spécialité à table de Charb était toujours de faire des dessins sur la peau des convives. À un de nos anniversaires, il a dessiné d'énormes sexes sur les épaules des filles. Il n'y avait rien de vulgaire avec lui, c'était drôle, de l'humour grivois, facile à rire et donc très relaxant. Une amie, Anaïs, a eu un accident sans gravité en sortant du restaurant et elle a fini aux urgences dans l'hilarité générale des pompiers et du personnel de l'hôpital. Une autre année, on a fini sur un manège sous la tour Eiffel ! Cette année, j'ai attendu ces dates avec angoisse, comme si quelqu'un devait venir... À chaque saison, nous avions nos habitudes avec des rendez-vous, des rencontres... Cette année, il y a comme un premier tour de saisons sans mon ami, sans eux. J'attends que ces dates remplies de souvenirs passent pour prendre de nouvelles habitudes, construire de nouveaux souvenirs. Je n'allais pas trop mal le 21 août dernier jusqu'à 18 h 30 ! En voyant l'annonce qu'un attentat avait été déjoué contre les voyageurs d'un Thalys, tout le drame des attentats de janvier m'est revenu. La reviviscence des attentats est permanente et compliquée. C'est pour rendre hommage au courage des voyageurs qui ont neutralisé le terroriste que j'ai donné la devise d'un des marines à ce livre. C'est un salut à toutes celles et tous ceux qui disent non et refusent la violence des assassins en restant debout !

Nous allions souvent dans des restaurants italiens. Charb s'essayait à parler italien sans accent et parfois nous chantions des chansons inventées à l'instant pour rire. Les Tonneaux des Halles résonnent encore de nos rires et les pavés de la rue Montorgueil se souviennent de nos déambulations de bar en bar ! Une fois, nous avons fait un dîner avec les Femen et nous avions beaucoup rigolé, car nous étions assis au milieu d'une douzaine de femmes militantes féministes. Nous avons plaisanté, doucement au début, ensuite elles étaient plus caustiques sur les hommes que nous sur les femmes ! Charb soutenait leur combat et ce féminisme. Il avait été très inquiet lorsqu'elles étaient allées secouer les intégristes en Tunisie. Il admirait les gens d'engagement comme Zineb El Rhazoui, journaliste à *Charlie Hebdo* et qui est une experte sur les sujets de l'intégrisme islamique. Il avait été très content de faire avec elle une BD très réussie sur la vie de Mahomet.

Lorsque j'ai commencé à écrire pour *Charlie Hebdo*, il a été tout naturel pour ce journal d'avoir un dessin pour illustrer mes chroniques. Charb s'y est collé de suite et pendant douze ans il a illustré mes textes. Parfois Catherine, Luz, Tignous, Riss ou Cabu le remplaçaient. J'envoyais mon texte, Gérard Biard et Luce Lapin ou Mustapha Ourrad relisaient, corrigeaient les fautes, puis la mise en pages par le merveilleux Jean-Luc ou la sublime Martine. Ils sortaient alors la page maquettée, Charb relisait puis prenait le cadre libre pour le dessin. Il tirait quelques traits pour centrer le dessin et en quelques coups de crayon il apparaissait. Alors il prenait sa gomme, effaçait les traits inutiles. Je ne savais pas ce qu'il allait faire à l'avance. Parfois, j'étais en manque d'idées, alors un coup de téléphone, on papotait et l'idée arrivait. Les textes qu'il préférait étaient ceux racontant le quotidien et la déchéance des êtres comme les personnes âgées.

Charb aimait la bande de *Charlie* et tous celles et ceux qui formaient l'équipe, avec leurs caractères que lui seul savait amortir comme un professionnel du management. Plus il se moquait de vous et plus il avait confiance en vous, il ne fallait pas surajouter ses états d'âme aux problèmes, il fallait se faire des bisous et savoir pardonner, tourner la page sur les engueulades et… savoir corriger ses erreurs. Charb était un facilitant : « On va pas se faire chier avec ça. » Au moindre problème, il mettait avant toute chose la valeur du travail bien fait, le souci du bien commun et du journal. Combien de fois nous nous sommes retrouvés sous des tentes dans des salons du livre perdus, mais il fallait être là pour signer les livres et voir nos lecteurs. Le lecteur était sa boussole. Lorsque nous avons fait ce merveilleux livre *J'aime pas la retraite*, nous avions décidé de faire la première dédicace à la Fête de l'Huma en 2009 ! On a vu arriver les militants communistes un peu inquiets du titre… puis ce fut l'emballement. Malheureusement, l'éditeur n'a pas diffusé correctement ce livre si drôle et bien entendu pas du tout opposé à la retraite ! Charb était très protégé depuis l'incendie du journal. Cette protection avait changé sa vie, mais il était adorable avec ses gardes qui assuraient sa protection avec un grand professionnalisme dont Franck Brinsolaro, un grand policier, qui a été tué lors de l'attentat.

La question qui entraînait des débats sans fin avait été posée par Cabu : « Peut-on rire de tout ? Et pourra-t-on encore demain rire de tout ? » Lorsque Cavanna, Polac, Wolinski, Honoré, Cabu, tout comme Willem et Siné, racontaient ce qu'ils faisaient comme textes et dessins dans les années 1970, notre début de millénaire semble bien fade dans les caricatures, le blasphème et la création !

D'une autre manière, Cabu était tout aussi important pour moi. Je l'avais rencontré avant de rentrer à *Charlie* par son fils Mano Solo, qui était atteint du sida. À la fin des années 1990, il n'y avait pas les traitements d'aujourd'hui, alors les conséquences de la maladie étaient très compliquées. À l'été 2004, Mano Solo a fait un infarctus alors qu'il était en vacances en Italie. Il avait été tellement odieux que le service de cardiologie de l'hôpital Georges-Pompidou l'avait renvoyé malgré des signes d'infarctus du myocarde. C'est grâce au service de cardiologie de Saint-Antoine qu'il a été soigné et opéré. Mais ce n'était jamais facile avec Mano. Je m'étais mis d'accord avec le personnel, et donc au moindre souci j'allais négocier avec lui. Il avait décidé de fumer dans sa chambre, alors je l'avais accompagné dehors. Il avait décidé de sortir, donc on faisait un tour dans l'hosto pour voir son chien. Juste avant d'entrer au bloc opératoire de chirurgie cardiaque, il avait décidé de refuser l'opération et de s'en aller car il ne voulait pas de cicatrice... C'était très rock'n'roll avec Mano, mais il finissait toujours par entendre raison. Je parlais souvent avec Jean de son fils. Lorsque je suis entré à *Charlie*, Cabu m'a toujours encouragé et a fini par faire ma pastille avec ma caricature. J'en étais très heureux. Cabu était la gentillesse, le Trenet de la presse, un cultivateur de liberté, un artiste philosophe qui a marqué le paysage culturel du monde.

À l'automne 2008, j'ai proposé de faire un disque, après un apéro dans la brasserie des Arts-et-métiers : « *Charlie Hebdo* saute sur Noël » ! Charb a été enthousiaste. Charb a entraîné les autres dans cette aventure rigolote. Des sublimes musiciens de pub irlandais et de concert sont venus, Paddy Sherlock, Hervé Coury, Éric Toulis, Philippe Radin, Jean-Philippe Nader et quelques ingénieurs du son comme Franck Delisse. Chaque membre du journal s'est alors appliqué à écrire une chanson. Charb n'aimait pas le rap, alors il en a fait un avec Luz : « Christmas dans ton ass » ! Bernard Maris a fait un chant de messe sur le CAC 40, Wolinski a chanté « Le cul des Cubaines », Cavanna a fait un texte qu'on a pas compris, et tout le monde a participé à la chorale et Cabu a absolument voulu chanter du Trenet. J'ai appelé son fils Mano Solo. Bien sûr, il m'a dit non et le lendemain matin il est arrivé avec sa femme Alice et son chien. Ce fut un grand moment. Cabu tapait son fils sur l'épaule en chantant « La Java du Diable » ! On a gardé des expressions entre eux deux, tellement c'était drôle, dans la version finale. Lequel des deux était le plus heureux de chanter avec l'autre ? Vous écouterez et vous vous ferez votre opinion. En tout cas, ce fut un magnifique moment d'amour entre un père et un fils. Ce disque fut l'occasion de faire le dernier *Pop-Club* de José Artur qu'on a enregistré dans un café à Belleville. Un moment de bonheur pur que j'aurais dû savourer encore plus !

Puis tout s'est précipité après son dernier brillantissime concert à l'Olympia le 12 novembre 2009. Une grave infection pulmonaire l'a fait hospitaliser à Bichat. Avec Mano, il fallait changer de toubib régulièrement parce que soudain plus rien n'allait ! Il m'a téléphoné pour m'engueuler : « Pelloux, viens me chercher, merde ! » Il voulait absolument sortir de l'hôpital, que je lui trouve un autre établissement. Il fit un arrêt cardiaque. Je prévenais de suite Cabu qui était très lucide sur son état. Il a été récupéré une première fois en réanimation par des médecins exceptionnels. Je me souviens de l'angoisse avec sa famille dans la petite salle d'attente qui restait très calme. Cabu était toujours dans la douceur et la gentillesse, trouvant formidables le personnel et la modernité médicale. Ça a été très long, car il avait des pathologies très graves et complexes. Le dernier soir, je suis allé le voir. Alice, sa compagne et probablement le plus grand amour que Mano ait eu, attendait dans le couloir. Dans la chambre, Mano était allongé dans son lit de réa en chien de fusil, cachectique mais lucide. Cabu était à la droite du lit et gloussait de ce que racontait Mano. Il y avait une fusion entre les deux. Nous écoutions Mano nous dire : « Ah, Pelloux est là, alors ça va. Hey, tu vas m'aider à sortir de là. Font chier, ces cons. » Puis avec sa magnifique voix, il a dit : « Papa, j'ai une idée, on va partir dans le Sud avec Alice et les chevaux et je vais faire de la poterie en écrivant des textes. » Cabu rigolait en faisant oui de la tête. « Ça, c'est une bonne idée, dis-moi. » Mano a parlé sans arrêt. Il nous a redit son amour pour Alice, son attachement à son père et à Véronique, sa femme, ses amis. Il est mort dans la nuit du 10 janvier 2010. L'enterrement s'est fait au Père-Lachaise. Cabu a tenu à faire graver la pierre tombale avec un grand dessin. Si vous passez par là, n'hésitez pas à aller sur la tombe de Mano, c'est la seule qui bouge encore en rythme du vent et des pavés de Paris.

En sortant de l'enterrement, nous étions allés manger des gâteaux. Cabu à mon avis ne se nourrissait que de sucre ! Il disait en riant : « Ah, je ne comprends pas pourquoi on ne commence pas les repas par les desserts, c'est ce qu'il y a de meilleur ! » Il était d'une générosité sans frein.

Une année, nous sommes allés, toute l'équipe, au Salon du livre de Brive-la-Gaillarde. Cabu avait une grande modestie, aucune vanité, et dédicaçait tout ce que les lecteurs lui présentaient : des vieux *Charlie*, des vieux livres, des disques de Dorothée... Le samedi soir, reprenant le train avec Cabu, j'ai eu droit à l'histoire dans ses moindres détails de toutes les années 1960 et 1970, la télé, *Hara-Kiri* et *Charlie Hebdo*. Il me l'avait déjà racontée, mais j'aimais l'écouter tout le temps ! En arrivant à Paris, il était très tard, c'est Dave, présent dans le train, qui a proposé à Cabu de le déposer. Cabu m'a regardé en rigolant : « J'espère qu'il ne va rien m'arriver en route. » Et Dave, hilare : « On ne sait jamais. » L'humour était Cabu.

Quelque temps après, je me souviens d'une émission avec Cabu chez Marc-Olivier Fogiel, sur Europe 1, pour parler de son fils. Cabu, avec des mots simples, toujours distant par rapport au présent, insistait sur le talent incontestable de son fils et l'importance de laisser les jeunes faire les métiers artistiques. C'était un de ses trucs : toujours aider, même les associations. C'est ainsi que Michel Renaud, le 7 janvier, a été tué. Il était venu rendre des dessins à Cabu qu'il avait utilisés à Clermont-Ferrand. Michel Renaud était un homme formidable très aimé de sa femme et de sa petite fille.

Impossible de ne pas penser à Cabu en fredonnant du Trenet, en passant devant une pâtisserie, en mangeant les chocolats de Nicolas Berger.

Lorsque j'arrivais au journal, à chaque fois on se racontait en riant Laurent Gerra, car nous adorions ses imitations et les vannes souvent écrites par Jean-Jacques Peroni.

Pendant l'hiver 2013, j'étais allé à New York avec comme guide le superbe livre que Cabu avait conçu sur cette ville fantastique. J'avais ramené des blasons des services de secours. Il m'était apparu comme une évidence que Cabu devait faire le logo du Samu de Paris. « Ah, c'est très difficile », m'avait-il dit. Nous avons fait et refait des essais. Un jour d'octobre 2014, il m'a envoyé un logo ogival, avec un camion symbolisant l'action, un homme et une femme APHP et les monuments de Paris, le tout avec une tour Eiffel avec un pilier plâtré. Nous étions en train de le mettre en place depuis décembre 2014. À un dîner chez moi avec ses amis proches, nous lui avions offert un grand format du blason brodé : il se marrait, la tête penchée avec sa coiffure que les Beatles lui ont volée, ses lunettes légendaires et son petit foulard très chic. Depuis les attentats, ce logo est sur toutes les tuniques des personnels, et en immense dans l'ascenseur du Samu de Paris !

Charb adorait parler de sexe pour rire avec Georges Wolinski. Ma relation avec lui était encore autre chose : très en retrait par rapport aux événements et ne parlant que des femmes de ses amis ou des artistes qu'il appréciait. Georges a écrit et dessiné la plus formidable encyclopédie sur la sexualité des années 1960 à aujourd'hui sans la moindre vulgarité. Il était un sexologue poète. Georges me parlait toujours de la santé et des progrès qu'il aurait dû y avoir sur le sexe. Avec son côté pince-sans-rire, c'était très difficile de tenir plus de cinq minutes sérieusement avec lui. « Hé, Pelloux, tu as vu, elles sont toutes belles en ce moment » ou encore « Tu devrais baiser beaucoup plus, tu sais ». C'était les phrases de transition d'arrivée ou de départ de Georges ! Il était comme ça : grand poète, avec ses habits toujours très classe folle, un homme de culture. Il parlait comme personne des époques de *Charlie*, des soirées chez Coluche avec Reiser lorsqu'il finassait dans les bras de jolies dames sans jamais boire d'eau, des bouclages avec Cavanna et Choron, toutes ces filles, les cigares, les potes, du théâtre, du Festival d'Avignon. Il avait été décoré par le président Chirac de la Légion d'honneur et il en était très fier. À la fin de la cérémonie, Chirac lui a dit : « Je lis toujours vos livres et si je peux faire quelque chose pour vous... » Georges lui demanda immédiatement de pouvoir faire l'exposition Dubout, un dessinateur qu'il adorait. Dès le lendemain, la BNF François-Mitterrand l'appelait et organisait cette exposition. Il y a quelques mois, au même endroit, Georges avait son exposition à lui dont il était très fier. Ses dessins, ses souvenirs, son histoire prenaient une dimension majestueuse sur les grands murs.

Lorsque nous avons fait ce fameux disque, Georges est arrivé en me disant : « Moi, j'ai une chanson : "Le cul des Cubaines" ! » C'est à peu près les seules paroles de sa chanson. Simple, efficace, beaucoup de chanteurs devraient s'inspirer de ce style épuré de Wolinski. Nous gagnerions du temps ! « Ah, toubib, t'es là, alors on peut picoler », voilà comment raisonnait le stand de Cuba Si à la Fête de l'Huma. Il adorait fumer d'énormes cigares avec Charb ! Chaque année depuis 2009, nous nous y retrouvions sous le commandement de notre ami Charly Bouhana, homme à la grosse moustache fidèle à *Charlie Hebdo*, même au moment où tout coulait. Il fallait attraper au vol les phrases de Georges lorsqu'il vous faisait un compliment ou un signe amical. Que de souvenirs à raconter ! Lorsque nous avions été au Festival d'Avignon pour faire des conférences et du dessin dans la rue, toute l'équipe avait été là. Nous avions beaucoup ri, bu et rencontré de gens. Charb aimait que toute l'équipe du journal se retrouve dans ces événements populaires. Un peu à l'opposé de l'époque où nous étions allés au Festival de Cannes en 2008 et où les lecteurs n'avaient pas compris ce que nous étions allés faire dans ce grand machin !

L'une des personnalités les plus brillantes était sans nul doute Bernard Maris, dit « Oncle B ». Tout le monde le connaissait. La bienveillance et les soucis de son analyse économique au plus près de Freud faisaient de lui une singularité intellectuelle et morale innovante et créatrice. J'adorais parler avec lui d'économie de santé et il avait été scandalisé par la mise en place de la tarification à l'activité dans les établissements de santé. Il avait tout de suite vu que ça serait dramatique pour les hôpitaux. Il n'y aura jamais d'augmentation des finances des hôpitaux, puisque c'est une enveloppe fermée, donc ils vont se bouffer entre eux, m'avait-il expliqué. Presque dix années se sont écoulées et c'est ce qui se passe ! Il n'y avait pas eu de débat lorsqu'il avait été nommé au conseil d'administration de la Banque de France. On s'était marré. Bernard était toujours à parler doucement avec un petit accent qu'il savait bien placé. Son amour pour ses enfants était tout le temps présent. Récemment, il s'était investi dans le souvenir et l'histoire de la Première Guerre mondiale en mémoire de Maurice Genevoix, qui était le père de son épouse, Sylvie. J'ai eu la Légion d'honneur presque en même temps, en 2014. Ensemble, nous devions avoir une cérémonie conjointe à l'Élysée. Nous avions été avec Cabu, Bernard et Charb voir le président Hollande. Charb pour lui expliquer les difficultés du journal en septembre 2014 et expliquer un amendement pour les dons aux journaux (il sera voté à l'unanimité à l'Assemblée nationale après les attentats sur proposition du groupe communiste). Bernard a exposé les problèmes économiques, Cabu appuyait les affirmations en expliquant l'importance des kiosquiers et de la diffusion. En partant, Charb a offert au président de la République le recueil de dessins que nous avions tous dédicacé et qui est toujours dans son bureau ! Le président avait été très attentif et voulait vraiment aider le journal. Nous avons fait une photo devant l'entrée de l'Élysée tous les quatre. Trois mois après, cette rencontre a pris un sens historique. Comment expliquer des événements qui n'ont rien à voir entre eux et qui, quelques mois après, prennent un tout autre sens ? Nous étions simplement venus expliquer l'importance de la survie du journal...

Les textes de Bernard étaient toujours illustrés par l'un des artistes du journal : Honoré. Ses dessins allaient au-delà du dessin de presse. Un géant. Voilà le mot qui me vient à l'esprit pour parler d'Honoré. Il était immense et présentait toujours un peu comme un aristocrate anglais qui aurait perdu ses valises avec toute sa garde-robe. Une classe folle dès qu'il disait bonjour. À l'été 2003, Honoré m'a offert un dessin magnifique avec plein de serpents qui faisaient une sorte de danse comme le caducée de l'ordre des médecins avec comme titre : « Patrick, l'ordre te salue ! » C'était le moment où j'étais poursuivi par deux médecins ultralibéraux car j'avais osé dire que les urgentistes n'étaient pas là pour faire le travail que les autres ne voulaient pas faire ! Évidemment, ils ont perdu le procès. Je voyais Honoré surtout le mercredi, lorsque j'avais la possibilité d'aller à la conférence de rédaction. Il était toujours enthousiaste sur les choses du journal et très digne. Un jour, il est arrivé avec un bandage mal ficelé. Il s'était blessé à l'épaule. Il souffrait beaucoup mais toujours dans la dignité et sans rien dire. Après quelques conseils, il s'empressait de parler d'autre chose, de théâtre, de peinture, et l'une de nos dernières conversations a été sur la Commune, car il savait que je travaillais sur les massacres de 1871. Ses dessins accompagnaient parfaitement les textes économiques de Bernard. Ils sont morts l'un à côté de l'autre.

Au Père-Lachaise, Honoré repose à côté de Mustapha Ourrad.

Les lecteurs ne savaient pas qu'ils connaissaient Mustapha ! C'était l'un des relecteurs et correcteurs. Vous le lisez quelque part entre ces pages ! Je dois avouer qu'entre des étourderies et ma frappe d'ordinateur à deux doigts... les fautes sont fréquentes. Mustapha avait l'élégance de ne pas le dire. Lorsque Luce Lapin était en vacances, il s'occupait de tout corriger. « Là, c'est pas très clair, je pense, tu vois, en faisant comme ça... » J'acceptais toujours ses corrections. Nous débâtâmes (c'est pour lui) souvent de la concordance des temps, de l'influence de la ponctuation. Il avait toute une collection de dictionnaires. Il écoutait toujours nos conneries et rigolait beaucoup. J'aimais sa simplicité et sa gentillesse sans bornes. Un jour, Cavanna, qui passait par là, nous a entendus parler du point-virgule. Cavanna a gueulé : « Le point-virgule est un centriste, on ne sait jamais ce qu'il veut... il fait chier, le point-virgule. »

Sans doute le Dr Elsa Cayat aurait pu l'expliquer. Elle était avec moi la seule médecin à *Charlie Hebdo*. Elsa était une très grande psychiatre et psychanalyste. Cette phrase n'est pas convenue dans la liste des hommages. Elle avait une connaissance de la psychiatrie rare, et être reconnu dans le monde de la psychiatrie n'est pas facile. Les psychiatres, l'ordre des médecins, des collèges professionnels lui ont tous rendu des hommages unanimes. Ses malades ont eu beaucoup de peine.

Elsa, au journal, c'était merveilleux. Je souris en me souvenant de ses tenues. La seule à pouvoir porter des talons hauts de marque prestigieuse avec un très vieux jogging trop large mais resté classieux, avec un manteau de fourrure (on a toujours fait croire à Luce Lapin, qui est contre, que c'était du synthétique), sans oublier quelques bijoux très beaux. Et bien sûr sa tête magnifique, toujours très mal coiffée, ce qui lui donnait un charme fou, et ses grandes lunettes. Elle parlait à voix très forte, truculente et généreuse : « Salut, alooors, raconte-moi » qui pouvait réveiller n'importe quel dépressif ! Elle était toujours très aidante, très aimante. Rien au monde ne comptait plus qu'Hortense, sa fille. Hélas, le temps nous a manqué, mais comme j'aimais parler avec elle de la prise en charge des malades. En conférence de rédaction, ce qui en faisait un style magnifique de liberté, lorsqu'elle était d'accord, elle hurlait un « ouais » profond, venant du plus profond d'elle-même. Certes, elle hurlait souvent dans les oreilles de son voisin, ce qui lui donnait un charme fou et tellement drôle. Elle fumait beaucoup, ce qui faisait des sorties si drôles de Charb lorsqu'il la voyait fumer dans la petite cuisine. Elle adorait Riss et trouvait que nous faisions une belle assemblée, elle se plaisait au journal. Dans son livre posthume, *La Capacité de s'aimer*, elle montre qu'elle savait parfaitement écrire sur la psychanalyse et l'interprétation des choses de la vie. Ses textes avec Antonio Fischetti restent d'une grande pertinence d'analyse sur la psychanalyse et la psychiatrie. Les illustrations de ses textes par Riss, Charb ou Tignous les popularisaient en quelque sorte.

Ah, mon Tignous ! Il était un homme massif, drôle, gentil et profondément de gauche avec comme seul objectif sa femme, Chloé, et ses quatre enfants. Au moindre souci pour sa famille, j'avais droit à une multitude de questions médicales pour le rassurer ! La première fois que je l'ai vu ? C'est comme pour Charb au début des années 2000, avant mon entrée comme chroniqueur à *Charlie Hebdo*, sans doute à un concert de soutien avec les Têtes raides. Ils faisaient les dessins pendant que les musiciens jouaient. J'intervenais pour parler de la santé. De suite, il m'a dit : « Toi, ch'taime. » Il m'avait vu dans les différents mouvements sociaux pour défendre l'hôpital public. Un jour, sa fille saignait du nez, alors il m'a demandé de l'aider. Pour me remercier, il m'a fait un dessin très drôle avec une vieille décatie avec un chat qui disait : « Patrick, y soigne pas que les vieux ! » C'était impossible d'avoir peur avec Tignous, car il était fort et tellement gentil. Il avait une grande sacoche en cuir noir qui me semblait toujours renfermer mille trésors.

Rentrer à *Charlie* fut une évidence, car doucement chacun d'entre eux entrait dans mon cercle d'amis, Cabu, Tignous, Charb, Luz... Avec eux, c'était comme une rencontre amoureuse inéluctable. L'écriture chaque semaine n'est pas facile. C'est une discipline, un exercice complexe. Parfois, j'avais des envies d'arrêter. Tignous avait un mot adorable et fraternel : « Si tu te tires, je t'en colle une !! » Il y avait du Michel Audiard chez lui.

Je crois que là où il se sentait le mieux, c'était lorsque nous étions tous ensemble à la Fête de l'Humanité ou des salons du livre populaire. J'étais allé au Festival du Vent, où il était l'un des piliers. Son attachement à la Corse se sentait dans son goût de l'amitié et son appétit pour la charcuterie ! Lorsqu'on sortait des conneries, il était toujours à rire avec son « hé hé hé », et sa belle gueule faisait apparaître un large sourire généreux. Il était bien connu des lecteurs et au Festival d'Avignon, où nous étions allés lors de l'opération « *Charlie* fait son festival », nous avions passé des moments extraordinaires lorsqu'on avait fait dessiner les gens dans la rue ! Imaginez une petite rue d'Avignon avec Cabu, Charb, Wolinski, Riss et Tignous pour apprendre aux grands et petits à faire des dessins... une belle journée ! Et le soir, nous marchions dans les rues sous la douce chaleur de l'été. Nous étions heureux, du bonheur à l'état pur !

Pourquoi avoir fait ce recueil, me demandes-tu, ami lecteur ? Je te tutoie parce que tu rentres dans mon intimité. Parce qu'il ne faut pas arrêter. Jamais ! Il faut se battre. Je suis d'une génération qui n'a pas connu la guerre, qui vivait dans une oisiveté de paix, le discours de Raffarin en 2004, « en finir avec les budgets militaires, récoltons les bénéfices de la paix », fut une faute politique majeure ! Nous voici aujourd'hui à réfléchir comme en temps de guerre, où sera le prochain attentat ? Face à la barbarie, nous devons écrire, dessiner, filmer, et rire de tout, toujours. Défendre la laïcité, les valeurs de la République, les droits des femmes, des hommes, des enfants, contre les barbaries mais sans tomber dans la haine, l'extrême droite et l'intolérance.

Voici donc pour la dernière fois ces chroniques avec des dessins de Charb, qui est dans ce livre donc, comme si les pourritures n'avaient pas tiré sur mes amis. Les histoires sont toutes vraies mais totalement changées afin de protéger les malades.

Ils ont été tués, les blessés survivent comme ils peuvent. Mais leurs œuvres ne sont pas achevées. Elles vivent ! Les expositions prolongent leur humour. Il en sera de même pour les analyses économiques, les pertinences psychanalytiques.

Ce matin, le jour se lève sur Paris, les nuages, comme un dessin de Luz, nous font des signes rigolos. La désespérance est horrible et une facilité en fait. On pourrait tout laisser tomber... Il ne faut pas. Le bonheur est un travail, une ardeur de chaque instant, et l'histoire de *Charlie Hebdo* et de toutes les victimes du terrorisme doit nous faire réfléchir, construire et aimer, aimer. Ami lecteur, aimons et pas de lambin pour être heureux. Tous ces amis nous obligent à ne jamais baisser les bras. Afin que vive la vie.

Les maux des mots

19 février 2014

Cette chronique est née un soir où nous parlions avec Charb. À côté de nous, un couple se disputait à coup de vocabulaire médical…

Le langage courant s'est souvent inspiré de la médecine dans son évolution.

Souvenez-vous des commentaires des journalistes lors des guerres, avec leurs « frappes chirurgicales », histoire de ne pas dire que les bombes tuent. Mais encore plus près de nous, dans les attaques ridicules au boulot, dans la rue ou dans notre entourage, où vous vous faites traiter d'« hystérique », de « parano », « de malade »... Ce vocabulaire si sérieux, avec des définitions complexes, est devenu vulgaire. L'autre jour, une vieille dame est morte. Elle avait plus de 98 ans et elle vivait depuis dix ans entre son lit et son fauteuil. Elle ne pouvait rien faire seule. Impossible de savoir si elle était heureuse après ses accidents vasculaires successifs, impossible de parler. C'est sa fille, âgée de plus de 70 ans, qui s'occupait d'elle. Elle ressemble à ces femmes horribles des films de Capra ou de Hitchcock, qui terrorisent le spectateur dès leur apparition. Elle a le visage anguleux, le chignon comme une mine antipersonnel afin que personne ne s'approche... Et ça marche, elle vit seule. Habillée en tenue sombre, son petit corps frêle est comme prêt au combat imminent. L'équipe du Samu n'ose pas trop bouger dans l'appartement, car elle veut tout diriger avec un ton péremptoire. Sa mère est morte et, vu son état, il est impossible de tenter de la réanimer conformément à la loi Leonetti. Elle se fait à cette idée sans larmes ni tristesse.

L'usage veut que nous restions un peu avec les gens pour les écouter en attendant des proches, mais elle n'a personne. Je remplis le certificat de décès et le descriptif qui sert aux statistiques nationales. J'y précise donc que la défunte était démente et grabataire. Ce ne sont pas des insultes, mais des constats médico-psychologiques et fonctionnels. Rien de vulgaire ni de péjoratif dans notre attitude, et, après avoir installé le cadavre, nous sommes partis. Deux jours après, cette pauvre dame avait écrit au conseil de l'ordre, au ministère de la Santé, au directeur de l'AP-HP, au chef du Samu, peut-être même au président de la République ou au pape... Et pourquoi ? Parce que j'avais insulté sa mère en marquant « grabataire et démente ». Un peu comme tous ces crétins à qui vous parlez normalement et qui automatiquement vous disent : « T'as vu comment tu m'parles ! » Pour elle, ces deux mots sont vulgaires et, donc, des insultes. En même temps, en vingt ans de certificats de décès, c'est la première fois que je tombe sur une... une... comment dire... Oh, je ne trouve pas le mot... Bon, ce n'est pas grave, vous avez qu'à en choisir un. De toute façon, elle n'est pas pire que l'autre type à qui j'ai osé dire : « Vous êtes malade. » Il s'est mis à hurler que je l'insultais ! Mais avec un diabète, une hypertension artérielle, une insuffisance rénale, une cirrhose alcoolique, difficile de lui cacher qu'il est malade... J'aurais pu dire « grand malade », mais il aurait sans doute été chercher un fusil. Le mot « malade » est devenu une insulte.

On pourrait décliner le ridicule d'utiliser comme insultes les mots « débile » et, pourquoi pas, « enculé ». Si la sodomie est une insulte, le doigt dans le nez ou dans les oreilles devrait le devenir aussi. Mais le côté scatologique si cher aux esprits primitifs est resté depuis que l'homme sait marcher. Sans oublier la composante sexuelle, de cette insulte, qui a pour but de montrer la force de celui qui insulte. Depuis « merde ! » à « fais pas chier ! » en passant par « trou du cul », le petit trou est en tête de toutes les insultes. À l'époque d'Internet, nous aurions pu espérer des insultes plus contemporaines, genre « espèce de Minitel » ou « machine à écrire »... Mais, en travaillant dans la santé, je ne me doutais pas que mon vocabulaire médical deviendrait un dictionnaire d'insultes... Il faudrait rééduquer les cons... Mais ce serait les insulter.

Saloperie d'époque

26 février 2014

Cette Josette-là est solide et a retrouvé une vie après son cancer. Parfois, la société est plus violente et sournoise que les cancers. Elle vit chez sa fille désormais. Je parlais souvent avec Elsa Cayat de ces intrications complexes entre environnement et psyché.

Josette est une femme formidable. Elle a vécu son adolescence pendant la Seconde Guerre mondiale, à Saint-Jean-de-Luz. Issue d'une famille de neuf enfants avec un père cordonnier, sa vie n'a pas été du luxe. Sur les vieilles photos, je la vois si belle, si souriante que je comprends le petit jeune qui l'a mariée dès la première rencontre. Elle devint alors madame Machin, la femme de..., épouse de... Son travail : femme au foyer, avec la charge énorme d'élever et de conduire ses quatre gamins vers les études qu'elle n'a pas eues. Femme des années 1950, ça n'a pas été facile, et elle aimait bien entendre le MLF ! Sa vie peut se résumer en quelques lignes : une vie très honnête et économe. La crise de 1974, qui a fait naître dans son couple le souci des économies et de la lutte contre tout gaspillage. Les drames sont vite arrivés. Il y a cinq ans, la mort du mari et deux ans de papiers à remplir pour obtenir une pension de retraite, très petite. Ses enfants l'ont aidée à gérer les maisons, l'héritage... Josette, c'est la vie d'une femme gentille et attentive à ses enfants, ou ce qu'il en reste, car ils ne se parlent plus entre eux depuis l'héritage. La fin des familles se fait souvent lors de l'héritage, comme quoi l'argent écrase toutes les relations humaines. Il y a cinq ans, elle s'est sentie fatiguée, son mari venait d'être enterré par un cancer digestif. Son docteur lui avait dit que c'était le contrecoup du deuil. Mais un jour, elle a fait un malaise et s'est retrouvée dans un service d'urgences. C'est une jeune interne qui l'a examinée, très attentivement, prenant du temps et réalisant un bilan. Comme toujours en médecine, c'est lorsque les médecins ne disent plus rien et vous parlent comme à un enfant qu'ils ont une mauvaise nouvelle à vous annoncer...

Elle aussi avait un cancer digestif. Elle a accepté toute la prise en charge et le circuit de soins. Avec sa gentillesse, refusant de se plaindre des douleurs, trouvant divins les plateaux-repas immondes de l'hôpital, ne s'impatientant jamais lorsque les ambulanciers arrivaient en retard et protestant lorsqu'ils la tutoyaient en lui lançant des « mamie »... Le langage des professionnels de santé est souvent pitoyable et peu respectueux. Finalement, elle a choisi de vivre dans un studio près de chez sa fille, un 50 m^2, elle qui vivait dans une grande maison. Elle contacte l'agence. Une jeune fille, d'un ton péremptoire et vulgaire, lui tint à peu près ce langage, comme un crotale que La Fontaine aurait pu mettre en scène dans une fable : « Mais, madame, à 84 ans vous voulez louer un appartement ? Mais faut aller à la maison d'retraite. Vous êtes vieille ! Les vieux, ça va à la maison de retraite ! En plus, vous êtes malade, alors nous on va pas vous louer un appartement pour que vous mouriez dedans... Et si on veut le récupérer, vous pourrez pas en partir ; et puis il est trop cher pour vous... » Les salauds des temps modernes se rencontrent souvent dans les agences immobilières. Mais, à ce stade-là, c'est une ségrégation au même titre que la couleur de peau et les origines. Ce qui est le plus choquant, c'est que dix personnes se portaient caution pour le loyer, que leur demande (illégale) de trois mois d'acompte était acceptée, avec l'engagement de quitter l'appartement si l'agence le demandait. C'est scandaleux et plus encore, car comment se défendre de ces crotales qui font de plus en plus la loi de la jungle en France ? Ils se développent sur le fumier de la crise et tapent toujours sur les plus faibles et les plus pauvres. Josette vit bien dans son appartement. Elle fait abstraction de ces détails. Pour elle, l'important est de rester gentille, bien habillée, digne, et de pouvoir parler littérature ou des dernières expositions du Grand Palais. Les cancérologues sont relativement optimistes quant à sa guérison ou à sa rémission.

Moins fort !

5 mars 2014

Le type a été arrêté, mais impossible de connaître sa condamnation. L'enfant a été sauvé.

Si vous entrez dans la Galaxie, vous réussirez à voir la planète Terre.

Cherchez la France. Une sorte de tête burinée avec le nez d'un enrhumé qui ne boit jamais d'eau. Approchez-vous bien de Paris et d'un de ces immeubles des années 1970, dans un quartier populaire en bordure du périphérique. Tout est gris, du trottoir aux murs et aux escaliers, après un couloir froid et sombre qui a dû être dessiné par un proctologue. Monter les étages constitue une étude sociologique : pas de lumière aux portes en mauvais bois avec une odeur de friture, de mauvaises épices, de brûlé et de pisse de chat. Quelques instants avant, la maman faisait ce qu'elle pouvait avec ses trois gamins, qu'elle élève seule. Elle s'en sort bien depuis la mort du père après un accident de scooter. Mais c'est toujours pareil avec les gamins : l'un pleure, et les autres s'en amusent et l'énervent encore plus. Le petit de 2 ans a la puissance de la sono d'une boîte de nuit. Il pleure. Elle a entendu sonner à la porte et a vu le type. C'est allé si vite et avec une telle violence qu'elle ne se souvient pas trop de ce qui s'est passé au juste. Ces secondes de violence extrême qui sont lourdes comme l'éternité. L'infiniment petit qui devient si grand. Elle a juste vu le type attraper le bras de l'enfant et lui faire faire un tour en l'air et le projeter par terre. Une sorte de grande roue pour faire mal à l'enfant. Il s'est arrêté de pleurer dès l'impact sur le sol en carrelage, mais ce fut au tour de la maman et d'une de ses amies dans l'appartement de se mettre à hurler. Oui, vous êtes bien à Paris en 2014, avec un enfant agressé volontairement par un type, sans autre but que de le faire taire, peut-être pour pouvoir regarder le foot, du sport, un film de cul...

L'enfant, inanimé, saigne de l'oreille, ce qui n'est jamais bon signe. Tous les secours sont arrivés très rapidement, et la police a interpellé le type, incapable d'expliquer son geste. Le désarroi face à une telle violence est aussi vaste que l'Univers. L'enfant se réveillant, vomissant et commençant à s'endormir avec la mère en pleurs, la situation sur place est très compliquée à gérer. Dans l'immeuble, qui semble refléter la crise sociale et l'abandon intellectuel, moral, humain, personne n'est sorti. Quelques rideaux bougent pour voir les différents uniformes arriver et repartir. Entre les murs, tout le monde entend tout le monde. L'appartement lutte contre toutes les intempéries météorologiques et les nuisances sonores. La vie dans cet immeuble est une sorte de harcèlement permanent, d'irrespect constant des autres. Comment ne pas avoir envie de tout casser ? Mais rien n'excuse la violence contre qui que ce soit, et encore moins de faire voler un enfant pour l'écraser au sol. Le voilà désormais entre la vie et la mort, parce qu'il criait un peu trop. Tout semble si démesuré en un instant, ces logements si étriqués, le soleil d'hiver et les oiseaux qui chantent la fin d'une journée, si ce n'est d'un monde, les secours si nombreux pour sauver un enfant, le désespoir d'une mère et un type qui ne se rend pas compte de ce qu'il vient de faire, le tout en moins d'une heure, en plein Paris, dans un pays ravagé par la crise et qui a peur de son ombre, dans une Europe qui entend des bruits de bottes qui risquent de botter le cul à la planète à coups de bombes nucléaires. Vous pouvez repartir dans une autre galaxie. Mais avant, que je vous donne des nouvelles du bébé : il va mieux et semble se remettre de sa fracture du crâne et de son hémorragie cérébrale.

Concordance des temps

12 mars 2014

Impossible de savoir ce que le SDF est devenu, car ils sont comme des fantômes dans les villes. On croit les connaître, les voir, et ils disparaissent. J'en parlais très souvent avec Bernard Maris, qui me répondait en Freud et en Keynes ! Notre modèle de protection sociale est dépassé par les flux et les différentes pauvretés. Sans une évolution de l'assiette qui finance la Sécurité sociale, en taxant par exemple les profits boursiers, nous n'arriverons plus à financer le système.

Le samedi matin, Claudie se lève tôt. Mais comme tous les jours, car « le monde appartient à ceux qui se réveillent avec le soleil ». Ne tentez pas de lui expliquer que le soleil ne se lève pas à la même heure tous les jours, cela ne changera pas son habitude d'écouter la météo sur France Inter et de préparer sa chicorée avec la voix de Fabrice Drouelle. Son samedi matin est sacré, car c'est le jour du marché bio. Ensuite, elle se prépare avec goût et grand soin. À 78 ans, elle en paraît vingt de moins, ce qui lui permet de rester très active dans les associations de défense des animaux et de quartiers, de s'occuper de personnes âgées plus handicapées qu'elle et plus jeunes, mais aussi de participer à la campagne des municipales à Paris comme militante de gauche. Bref, elle est un exemple de plus que l'âge de la carte d'identité ne signifie plus rien. Mais ne la retardons pas, elle a terminé de mettre son beau manteau et de bien s'appliquer à enfiler ses gants en daim. Le top départ est donné car elle a attrapé la laisse du chien. Un petit toutou bien sympa qui lui ressemble un peu, avec son style élégant, peu bruyant, pas très gros, vif et très à cheval sur l'heure de la promenade. Claudie habite dans un petit immeuble très propre, avec un ascenseur qui donne directement dans son parking. Très pratique, car elle ne sort pas dehors et ainsi ramène facilement ses courses du marché bio qu'elle adore. Elle quitte le parking toujours vers 8 heures, pour éviter les arrivées aux écoles des parents en retard et des enfants encore dormants. Elle va donc dans son automobile, ancienne mais presque neuve, et le chien se met à la place du passager avant comme s'il était son amant naturel. Dans ce quartier populaire et proche des gares de l'Est et du Nord, il y a beaucoup de pauvreté dans les rues. Un gaillard très grand et costaud est apparu dans le quartier depuis quelques jours, buvant de la bière ou de la vodka. C'est une association qui l'a repéré et qui tente de lui donner à manger et de le connaître. Mais il est rebelle et seul, ne parlant pas français et s'exprimant dans un anglais très approximatif, noyé entre peut-être du russe et certainement de l'alcool.

L'autre jour, la police l'a mis en dégrisement car il voulait se battre avec des jeunes d'une bande de banlieue tout aussi bourrés que lui. Il a fallu des renforts de flics pour l'attraper et le maîtriser. Une force de la nature qui, lorsque le sang ne contient plus d'alcool, est calme et même gentil, mais personne ne le comprend. La nuit, il a trouvé un truc: dormir sur les pas de porte des magasins fermés, certains propriétaires lui donnent de l'argent le matin, car ainsi il garde la boutique. D'autres rien, mais il y fait chaud, comme devant les sorties des parkings.

Il est arrivé vers 4 heures du matin et s'est enroulé dans son duvet posé sur des cartons, des sacs-poubelle et une couverture sale trouvée dans la rue. Il dort du sommeil du digne représentant de la vodka, allongé sur tout le pas de porte de l'entrée du parking. Claudie démarre et s'applique à manœuvrer son ancienne petite automobile. De droite à gauche, petite accélération pour l'élan, coup de volant pour pouvoir tourner dans les virages tel un marin. Une vraie pilote, très appréciée de son passager qui dodeline de la tête. Claudie finit par actionner la porte automatique de son garage. Dans un discret bruit de câble et de tôle la porte s'ouvre, mais Claudie ne voit pas le trottoir car elle est dans la pente qui la mène à la sortie. Le grand SDF n'a pas entendu la porte s'ouvrir. Elle a accéléré, comme depuis plus de trente ans, pris un nouvel élan mais s'est arrêtée lorsque les roues avant ont brutalement secoué la voiture. Elle aurait pu continuer, car personne n'a crié, mais elle a cru qu'elle perdait ses roues avant ! Elle est sortie et elle a vu un corps inanimé sous la voiture. Elle a été prise de panique, hurlant à l'aide. Le chien est resté très calme à sa place, regardant ailleurs. Après quelques instants de manœuvre et de dextérité des secours, la victime est partie à l'hôpital. Faut avouer que les petites voitures anciennes ne pèsent pas bien lourd et que le corps d'un quidam des pays de l'Est est bien résistant. Malheureusement, quelques jours après, ce sont les lésions au thorax qui ont emporté l'inconnu au carré des indigents. Le chien s'en est remis, mais Claudie y pense tout le temps...

Le dernier métro

19 mars 2014

Cette chronique avait beaucoup fait rire Charb et Tignous. Le paradoxe des grandes villes avec un monde incroyable et toutes les formes de solitude !

Y a-t-il un philosophe, un psychanalyste ou un cruciverbiste qui pourrait trouver les mots des maux qui donnent le sens à cette histoire banale des bas-fonds de Paris ? Le métro est arrivé à la station Carrefour-Pleyel. Ce train des dessous de la terre qui fait trembler les entrailles de la ville a chargé sa cargaison de gens tous différents et identiques à la fois. Cette ligne 13 est toujours bondée et insupportable, l'échec de la politique de la Région Île-de-France. Les wagons puent, tout y est glauque. La sonnerie, comme un tocsin, annonce la fermeture des portes et les gens se tassent en un instant. Les obsédés sexuels en profitent pour tenter de toucher les filles, les voleurs de chaparder dans les poches. Un ou deux passagers lisent leur livre sans broncher. Il est possible que Ferdinand soit monté là, ou peut-être à la station suivante, Mairie-de-Saint-Ouen, impossible de savoir avant que les agents de la RATP aient contrôlé son pass, et c'est sans importance. Il a 69 ans, l'âge érotique, et il vit depuis toujours dans sa banlieue rouge où il n'a jamais perdu sa carte du Parti communiste. Il est propre et bien habillé, dans son costume avec ses souliers cirés d'une autre époque. Il est resté compressé dans le wagon pendant dix minutes. À l'arrivée à la station Saint-Lazare, en un instant le wagon s'est vidé comme lors d'une constipation enfin achevée, la grande débâcle rapide et salvatrice. Il en a profité pour s'asseoir juste avant que le wagon se remplisse en une sorte de compression humaine à la César.

Les gens n'ont rien vu. Ferdinand a semblé s'assoupir doucement après le départ du train. La tête est tombée sur son thorax. Sans bruit, il a fait son arrêt cardiaque. Les gens autour continuaient leurs mots croisés, la lecture de leurs SMS ou des tweets. À la station Miromesnil, il était franchement affaissé, mais, comme il était coincé par les voisins, il ne pouvait bouger. Personne n'a vu ni su ce qui se passait. Aucun n'a réagi. Comme quoi, vous pouvez être très entouré et être comme en plein désert. À la station Invalides, les gens sont partis et d'autres sont entrés, dans une sorte de ballet très moderne, une chorégraphie rigoureuse dans le temps et le placement. Comme Ferdinand était déjà mort sans que personne s'en soit soucié, et que son voisin de côté était parti, le cadavre a commencé à pencher doucement. Probablement que certains ont fait des réflexions sur son attitude, meuglant sur son irrespect, sur son impolitesse. Les usagers du métro ont tellement l'habitude des ivrognes qui se laissent aller et qui se répandent sur les sièges que personne n'a réagi. C'est à la station Saint-François-Xavier que trois ados qui partaient au lycée ont regardé Ferdinand, qui devenait bleu et ne bougeait pas. Ils ont donné l'alerte à la station Duroc. Les secours sont bien arrivés en dix minutes, mais il était trop tard. Probablement qu'il avait fait son arrêt depuis plus de vingt minutes. Impossible de réanimer qui que ce soit dans de tels délais. Mais une rame de métro à l'arrêt et ce sont toutes les artères du métro qui se bloquent, et des milliers de gens sur les quais qui gueulent. Alors, très vite, il a été sorti et le métro est reparti comme si de rien n'était. Le métro est une roue perpétuelle, il ne s'arrête pas et il semble mettre entre parenthèses la vie ou les regards attentifs et humains. Ferdinand a fini sa route dans le métro, dans la housse à cadavre. Peut-être voulait-il aller directement sous terre ? En cherchant un peu qui il était, et s'il avait de la famille, j'ai constaté qu'il n'avait rien d'exceptionnel. Sa femme l'attendait d'un côté de la ligne et son fils à l'autre bout pour faire la peinture de la chambre de son petit-fils. Ferdinand est pourtant tout aussi important qu'un jeune chanteur à la mode, qu'une star de ciné ou un top-modèle plus cadavre que lui. Ferdinand était honnête, droit, citoyen et heureux sans doute. Rien de bien important, me direz-vous ? Mais si, justement : la vie. Bordel !

Un Chinois à Paris

26 mars 2014

S'il fallait écrire une seule prévention dans ce livre, c'est celle de prendre des anticoagulants en cas de long voyage en avion !

Un riche n'est rien d'autre qu'un pauvre qui a eu de la chance. Celui-ci est chinois, gros et gras, entouré d'un aréopage aussi actif qu'une mêlée de rugby, il fait un malaise et se sent de plus en plus mal, mais en chinois… mais comme dans toutes les langues. Dans le grand palace parisien, c'est le branle-bas de combat lorsqu'un riche fait un malaise, car rien ne devrait arriver aux riches, puisqu'ils ont l'argent. Mais le corps d'un riche est aussi banal que le corps d'un autre. Il faut faire classe, alors les équipes de secours ne doivent pas entrer par l'entrée principale, des fois que les top-modèles anorexiques et le nez poudré de cocaïne nous demandent de l'aide. Son histoire est hélas un classique du genre : les voyages en avion qui durent des heures entraînent chez certaines personnes des phlébites. Véritable balle de fusil qui reste et grossit dans le mollet, et, lorsque le passager se met à marcher en sortant de l'avion, le caillot remonte et se plante dans les poumons, déclenchant une embolie. C'est pour cela que pour les long-courriers et les vols prolongés il est conseillé à certaines personnes de se faire une piqûre d'anticoagulant. Mais notre bon Chinois ne le sait pas, car il a plein d'argent, et donc il ne peut rien lui arriver. C'est le point faible des riches : se croire tout permis tout le temps, alors que tout peut leur arriver. Mais on parle, on parle, et le pauvre homme ne va pas bien du tout. Son entourage nous presse de tout, mais nous avons un avantage : on ne comprend rien au chinois ! Alors nous avançons dans son traitement le temps qu'ils trouvent un traducteur.

Tout commençant à se compliquer, il faut faire vite, car il a les plus grandes difficultés à respirer, et le cœur le vit mal. On ne le dit pas assez, cœur et poumons vivent ensemble, et, si les uns ne vont pas bien, l'autre va mal. Mais le traitement commence à faire effet et son état s'améliore. À l'autre bout du téléphone, le collègue a trouvé une place en réanimation dans un hôpital public. Nous voilà prêts à partir, et pas peu fiers d'avoir sauvé cet homme. Mais... car il y a toujours un « mais » chez les riches ! Un traducteur arrive avec un personnage patibulaire, peut-être de l'ambassade : pas question de l'emmener dans un hôpital public ! La discussion qui s'ensuit est très drôle, car ce sont des gens qui vivent dans un pays dit communiste et qui devraient avoir confiance dans les services publics, mais pas du tout. Ils veulent aller à l'Hôpital américain ! Quelle surprise, le riche Chinois et sa garde veulent être soignés dans l'hôpital de l'impérialisme US ? Inutile de leur dire que le coût dans cet établissement privé est très élevé, car l'argent ne veut plus rien dire pour eux, tellement ils en ont. Nous tentons de leur expliquer que tout est organisé pour faire les examens et les traitements, même à cette heure tardive de la nuit. Non. Ils ne veulent pas. J'entends bien les insultes qui fusent à notre encontre, mais, comme elles sont en chinois, c'est moins vexant ! C'est alors qu'un homme a commencé à nous proposer de l'argent. Que nous avons refusé sur un ton peu urbain. Cela montre à quel point la corruption est instituée comme comportement normal. La loi nous faisant obligation de ne faire que ce que le malade veut bien, nous avons contacté cet établissement et nous l'avons conduit là-bas. Il a été très bien pris en charge. Mais ce qui est étonnant est de constater que l'argent va à l'argent. Je leur ai demandé pourquoi ils avaient choisi l'Hôpital américain. Parce que le concierge du palace leur avait dit de ne pas aller à l'hôpital public, car c'est sale et qu'ils ne sont pas compétents. C'est ainsi que la réputation est faite, et que les riches vont toujours aux mêmes endroits : le concierge d'un palace a plus de pouvoir qu'un médecin urgentiste parisien.

Un monde de démence

2 avril 2014

Le plus grand scandale à venir sera celui du coût des personnes âgées dépendantes et de l'exploitation qui sera faite par des multinationales de leur perte d'autonomie. L'or gris, comme ils appellent le vieillissement. Des grands argentiers, des BTP, des assureurs aux multinationales de maisons de retraite : tous veulent faire du profit sur le vieillissement !

Odette, avec sa maladie d'Alzheimer, n'en a rien à foutre des résultats des municipales, elle alterne de belles éclaircies de conscience dans une tempête de neurones délirants. Alors, droite ou gauche, pour elle, c'est le même délire. Elle n'est pourtant pas très vieille, à 75 ans, et même encore assez vaillante pour se déplacer, mais c'est là-haut que le fonctionnement est en alternatif : son cerveau ne retient rien du présent et peine à aller chercher des souvenirs, et plus le temps passe et plus la mémoire se barre loin. En période de délire, elle appelle sa maman, son papa, elle cherche ses meubles, et se demande si son mari est rentré. L'autre jour, elle a hurlé au milieu de la cantine de la maison de retraite : « Qu'est-ce qu'on s'fait chier ! » Ce sont les deux aides-soignantes qui se sont précipitées sur elle pour la calmer. Mais la calmer de quoi ? D'un moment de lucidité, car la vieillesse n'est pas un naufrage comme disait l'autre, c'est une triple peine : maladie, ghettoïsation, et pas d'espoir de retour. Elle avait pourtant juré de ne jamais venir dans un tel établissement, mais son mari est mort, puis les enfants se sont disputés, car les familles explosent toujours au moment de l'héritage. Alors son univers est devenu une « évaluation sociale », comme l'a expliqué l'assistante sociale. Il a fallu trancher et elle a été placée là contre son gré, mais comme elle n'avait plus toutes ses facultés pour refuser...

Une sorte de nouvelle vie a commencé pour elle, mais elle n'avait pas les neurones pour comprendre tout ça. Ils ont pourtant mis deux uniques photos dans des cadres sur sa table de chevet, pour ne pas faire de trous dans les murs, des clichés du temps jadis, des beaux jours même par mauvais temps. Comme si sa vie se résumait à deux photos ! Ses enfants et petits-enfants ne viennent plus du tout. Elle regarde souvent dehors et parle de la météo toute seule, car ses voisines et voisins sont comme elle ou sourds. Régulièrement, un pensionnaire meurt, mais comme ceux qui restent n'ont plus de mémoire, ils oublient très vite ce départ. Le soir où nous sommes allés secourir Odette, c'était entre les deux tours des municipales. Elle était en train de succomber à une défaillance cardiaque. Comme d'habitude, personne n'avait pris le temps de lui demander si elle voulait qu'on la soigne ou pas en cas de risque de mort imminente. Mais en me voyant, elle m'a regardé avec un sérieux, une conscience retrouvée, pour me dire : « Laissez-moi. » En regardant l'environnement de cet établissement, j'ai tellement vu le drame du vieillissement de notre société et la bêtise de nos politiques à ne pas nous y préparer. En moyenne, il faut compter 2 500 euros par mois pour séjourner dans un établissement. 64 % de femmes, qui ont en moyenne 900 euros par mois... La différence sera prise sur les maigres héritages et, ainsi, les familles s'appauvrissent doucement. Même avec 22 milliards d'euros par an consacrés à la dépendance, le pays ne peut pas faire face au vieillissement de son peuple. Avec la flambée du chômage des plus de 50 ans, ce n'est pas un drame social qui se prépare, mais une révolution, car une société qui oublie ses vieux, ses handicapés, ses chômeurs, est une société qui crève. En 2050, un Français sur trois aura plus de 60 ans. Et vous voulez, vous, aller à la maison de retraite des « Joyeuses Fleurs » pour attendre la mort en regardant la télé ou des pauvres poissons dans un aquarium pendant que l'aide-soignant fait hurler ses écouteurs en envoyant des SMS à l'infirmière pour tenter de la sauter ? (Choses vues... hélas.) Alors Odette s'en fout des municipales, car le monde est devenu plus dément que sa maladie d'Alzheimer. Malgré nos efforts, son cœur s'est arrêté dans le camion du Samu – elle avait vraiment envie de partir. C'est fait.

L'hôpital vert d'écologie

9 avril 2014

Les mois passent et aucun progrès concernant les hôpitaux dits durables. Quelques conférences, mais sur le terrain pas grand-chose à part quelques panneaux solaires dans certains établissements.

Les malades ne le voient pas, mais les hôpitaux n'ont pas du tout commencé la transition énergétique. Par exemple, les restrictions budgétaires font que les interventions des pompiers sont de plus en plus restreintes. Alors, des ambulances privées sont envoyées pour transporter les malades, qui doivent payer. Tous ces véhicules roulent au diesel : privés comme publics. Comme des hôpitaux ont fermé, que des services ont été regroupés et que les permanences de soins sont devenues très rares, il faut transporter de plus en plus les malades. Comment anticiper le coût des transports, qui flambe ? Nul ne le sait, mais les malades vont devoir payer de plus en plus ! À part l'hôpital de Grenoble, il est exceptionnel que la ville mette des transports en commun dans un hôpital. Dans Paris, aucune station Vélib' n'a été installée dans les hôpitaux. Certes, certains malades ne peuvent plus faire de vélo, mais d'autres aimeraient bien. Autre exemple : le malade arrive à l'hôpital et, en général, les portes coulissantes automatiques, si elles ne sont pas cassées, ouvrent sur de longs couloirs. Parfois, des radiateurs chauffent à fond... l'extérieur, car il n'y a aucun sas. Sans oublier, dans les hôpitaux les plus anciens, les vieilles fenêtres, qui laissent passer le froid l'hiver et la chaleur l'été. N'oublions pas que l'été, les climatiseurs tentent de refroidir les pièces, mais aussi l'extérieur, car rien n'a été étudié pour ces systèmes de refroidissement, qui ont été rajoutés après la construction. La facture d'énergie pour les hôpitaux est donc pharaonique, et inutile de compter sur un quelconque effort citoyen des malades et des soignants pour s'en préoccuper. Un hôpital est un lieu de soins qui requiert d'autres priorités que l'écologie, d'autant que les habitudes ont été prises. Par exemple, vous n'avez jamais de détecteurs dans les couloirs pour éteindre la lumière. Les néons sont partout et fonctionnent nuit et jour. Comme si les hôpitaux ne payaient pas l'électricité.

Dans les anciens hôpitaux, vous marchiez sur du carrelage ou du marbre. Dorénavant, vous marchez sur des sols en revêtement plastique ou résine, soi-disant pour des économies de pose. Inutile de dire combien coûte leur changement, et le recyclage de ces produits est impossible. Comme l'amiante, qu'on trouve encore dans de très nombreux établissements de santé… La construction ne se fait pas en développement durable et écologique, mais au moindre coût. Ainsi, les bâtiments hospitaliers de grande hauteur ne sont pas équipés de panneaux solaires. Puis viennent les soins : consommation de linge, de produits, les habitudes de travail… Les protocoles de prise en charge des malades et des traitements sont écrits par la science médicale. Mais jamais l'écologie n'est prise en compte, à part en infectiologie, où la résistance bactérienne a entraîné des mesures considérables. C'est ce que nous devrions appeler la microécologie, tout aussi importante que la macroécologie. Pour ce qui est de limiter la consommation de lumière, les déchets, aucune mesure. Sauf lorsque, dans des déchetteries, on retrouve des ordures des hôpitaux. Car, dans le traitement des déchets hospitaliers, les mafias aussi sont là, comme en Italie. Rares sont les établissements qui récupèrent les papiers, les cartons ou les déchets alimentaires... Pourtant, vu ce qu'on mange dans les hôpitaux, les poubelles sont souvent pleines de bouffe qui pourrait faire du compost. Bien entendu, il faut évacuer les urines, les selles, les rejets divers, les médicaments... Aucun hôpital n'a de bassin de décantation ou de filtre. Ainsi, les médicaments, comme le reste, partent dans les égouts. Et il est impossible de les enlever de l'eau que vous buvez au robinet... L'hôpital écologique est un énorme sujet, mais, silence, la France se morfond dans la crise.

Qui est le zoo de l'autre ?

16 avril 2014

Le bois de Vincennes est un lieu magnifique. Charb et moi allions y courir très souvent. La dernière fois que nous y sommes allés, c'était à cette date. Nous aimions boire un jus de fruits dans les petites guitounes près du zoo. Les animaux inspiraient souvent ses dessins.

Que reste-t-il aux rats des villes pour se défouler ? Bouger et regarder.

Certains courent dans la ville un peu comme les cormorans tenteraient de surnager dans une marée noire. D'autres vont courir dans le bois de Vincennes. À lui seul il est une synthèse de la vie moderne et de nos conflits. Je tente d'y évacuer mon stress sans aucune prétention autre que de faire courir la bête qui est en moi, comme disait un cheval que j'ai croisé. Cette forêt est le dernier endroit de Paris où les enfants peuvent voir des insectes et quelques animaux afin d'éviter de croire qu'il faut utiliser des insecticides contre la moindre bestiole. Il y a des écureuils, des lapins, des chevaux de centres équestres ou de la Garde républicaine. Ils patrouillent et ils ne gênent pas trop les campements de clochards, souvent des malades psychiatriques sans soins, devenus les pauvres hommes des bois du nouveau millénaire. Il y a des boulistes qui jouent presque tous les soirs comme s'ils fêtaient la nuit tombante. Ils boivent des coups pendant que d'autres tentent d'en tirer dans les bosquets. L'instinct primitif est capable de se taper la vieille pute obèse qui tapine depuis des années comme perdue au bord d'une route en attendant un rêve. Dans le froid, sous la pluie, la fellation à genoux dans la boue et l'étreinte entre deux sacs-poubelle tendus entre deux arbres : voici son quotidien... Les voyeurs ne sont pas loin, les grands tarés non plus. La nuit, le bois est un baisodrome sordide et l'humanité tombe dans l'enfer lorsque des jeunes putes venues de lointains pays, peut-être mineures, et sûrement esclaves d'ordures, arrivent pour tapiner. La police ? Aussi rare que l'eau dans la savane des gazelles du zoo ! Je cours sous les quolibets du loup qui patrouille dans sa grande cage et je vois ces voitures qui s'arrêtent et elles qui montent pour faire du sexe. Les babouins du zoo sont de nouveau là et ne se sentent pas plus primitifs que les hommes ! Les maquereaux ont des voitures ou des camionnettes que tout le monde repère, sauf les flics. Même les girafes doivent les voir, curieuses comme elles sont.

D'ailleurs, à quelques mètres, il y a l'école de la préfecture de police de Paris, juste en face du champ de courses où les mafias viennent blanchir leur argent et les pauvres regarder s'envoler leurs économies. Le parking est toujours plein les jours de versement des retraites et du RMI... Les pauvres luttent comme ils peuvent dans cette épouvantable crise. Les chacals et rapaces ont trouvé meilleurs pilleurs qu'eux : les hommes. Le bois de Vincennes est une économie souterraine dans un univers bucolique écologique. Que les animaux du zoo qui vient de rouvrir se marrent de nos régressions. Dans les allées, les riches circulent dans des grosses voitures aux vitres teintées, pour ne pas voir, ni être vu, comme dans leur futur cercueil.

Les animaux du zoo rêvent-ils de cette liberté ? C'est curieux comme les riches font la gueule et les animaux semblent joyeux de se promener dans leurs cages. Oh, mais, attention, voici les cyclistes qui filent vite, Gérard Mordillat ne supporterait pas de freiner ce rassemblement populaire et libre. Libre est dans la définition de cette forêt : regardez ces stades où des équipes de jeunes, de vieux, de toutes les couches sociales jouent au ballon. C'est du souffle populaire et rassembleur. Les corps exultent avec ces jeux et les arbres se marrent et craquent de satisfaction : comme les pingouins du zoo qui s'en payent une tranche dans leur immense bassin. C'est dommage que les circuits ne soient pas plus lointains, alors ils tournent, comme les lions en cage végétalisée. Remarquez, nous tournons tout le temps : lever, marcher, travailler, manger, chier, baiser, rentrer, dormir... et enfin rêver comme les perroquets, qui ont des plumes de couleur, car ils ont toujours voulu aller au carnaval, mais ça : personne ne le sait ! Les futurs vieux de demain courent en se moquant des canards avec des adultes qui faisaient de même il y a... si peu de temps. Vous souriez ! Et vous faites bien, car le bois de Vincennes est un poumon de la ville, le zoo des hommes pour fuir leurs cages qui sont pires que celles des animaux.

Mort aux codes !

23 avril 2014

Cette chronique a eu son petit succès. Mais il est impossible d'intervenir dans un lieu sursécurisé. En même temps, j'aurais tant aimé que Charlie Hebdo *soit avec un énorme dispositif de sécurité comme aujourd'hui… mais cela aurait-il suffi à empêcher l'attentat ?*

Ce n'est pas qu'ils avaient peur d'emblée, car il n'y a jamais eu d'agression épouvantable dans ce quartier de Paris, mais le « on ne sait jamais » a changé leur immeuble en forteresse. Le syndic, ces mafieux qui pompent le fric des propriétaires, a fait installer des systèmes de sécurité très sophistiqués pour protéger les habitants. Alors lorsque la femme d'Alexandre a téléphoné aux secours dans la panique, elle a oublié de donner les codes d'accès. Lorsqu'une personne fait un malaise dans la rue ou un lieu public, c'est très facile d'aller la secourir et les gens font preuve de solidarité et d'entraide. Mais au domicile, le malade est seul ! Alexandre et sa femme vivent dans cet immeuble cossu d'un quartier chic de Paris depuis une vingtaine d'années. Lui picole un peu, fume beaucoup et mange trop. Depuis quelque temps, il se sentait fatigué, avec des douleurs dans la cage thoracique, comme une barre entre les seins, irradiant vers la mâchoire et son bras gauche. Il attribuait tous ces signes à la fatigue, le stress. D'ailleurs, c'est ce que son homéopathe lui avait dit, alors pourquoi s'inquiéter… L'autre jour, en revenant des courses, la douleur est devenue effroyable. Il s'est arrêté en sueur, mais, comme après quelques minutes il s'est senti mieux, il est reparti dans son appartement. Ce matin, il n'a pas déjeuné et a voulu faire des pompes, lui qui ne fait plus de sport depuis... quarante ans. Après avoir fumé, sans le savoir, sa dernière cigarette, il s'est effondré comme fusillé devant son épouse. Elle lui a parlé, puis l'a secoué, puis a hurlé en pleurant. Malgré leur quartier de haute sécurité, la mort venait d'entrer sans difficulté dans leur appartement. Monique a hurlé au téléphone pour avoir des secours, ne comprenant pas que le sapeur-pompier insiste sur l'adresse et les codes. À l'arrivée sur le trottoir, les secours se sont trouvés devant une grille de deux mètres de haut infranchissable en raison des pointes au sommet. Malgré les « pin-pon », aucun voisin n'a ouvert ni fenêtre ni porte. L'épouse ne répondant pas au téléphone, il a fallu quelques minutes pour qu'elle décroche. En hurlant dans des sanglots contre les secours, elle a balbutié des chiffres. Les pompiers et l'équipe du Samu ont dévalé les escaliers pour arriver devant le couloir A, mais il était bloqué par une nouvelle porte à code ! Devos a dû être l'architecte absurde de ce merdier. Bien entendu, il a fallu rappeler Monique, qui avait oublié de donner ce code intermédiaire.

La mêlée de secours, telle une course de la série *Benny Hill*, est enfin arrivée dans le hall, qui était bloqué par une lourde porte aux vitrines sombres. Pour l'ouvrir, il fallait appeler à l'interphone ! Mais comme ils ont peur de tout, ils n'ont mis que leurs initiales... C'est une sorte de Scrabble sur le mur : mais aucun acronyme ne correspond. Troisième appel à la dame qui pleure et ne sait plus quel est son interphone, car ils ont mis les initiales des deux prénoms et de leurs noms... Mais, dans ces cas-là, les secours sonnent partout et une bonne âme finit toujours par ouvrir. Mais ce Fort Boyard macabre n'est pas terminé, car le syndic a fait installer des codes à l'ascenseur et fermé les escaliers pour monter ! Encore quelques minutes à attendre, car elle ne se souvient plus de ce code-là : elle utilise une clé magnétique, « alors vous comprenez... ». Arrivé au sixième étage, l'équipe a attendu devant la porte d'entrée fermée tel un coffre-fort, car dans la panique Monique ne trouve pas les clés. Quand ça veut pas, ça veut pas. Il a fallu quinze minutes pour aller du trottoir à Alexandre, ou plutôt à son cadavre. C'est la faute à personne et à tout le monde. Une société basée sur la peur fait que les gens restent terrés chez eux et ferment leur porte. Mais, une fois seuls chez eux, personne ne peut les secourir. Le hasard a voulu qu'au même moment un clochard a fait un arrêt cardiaque dans la rue. Un secouriste passait par là et lui a fait de suite le massage cardiaque externe, les secours sont arrivés en dix minutes et il a été sauvé. Il pourra continuer à picoler en regardant le convoi funèbre d'Alexandre.

Que pour sa gueule

30 avril 2014

Une des choses qui nous énervait le plus, c'était l'égoïsme de la société. Charb était toujours motivé pour aller prêter son concours au Droit au logement, au Réseau éducation sans frontières...

Un couple de vieux a été trouvé dans un état effroyable, comme abandonnés dans leur logement. C'est une voisine qui a alerté à plusieurs reprises les services sociaux et les secours, mais personne ne venait. Les deux vieux ne voulaient rien, et ils vivaient dans un appartement devenu une bergerie où même les moutons auraient refusé d'entrer, vu la crasse. Enfin, un jour des secours sont venus et le couple a été placé. Qui a remercié cette citoyenne ? Personne. Sur le grand boulevard, une jeune fille à vélo a été percutée par un connard en grosse voiture, aux vitres fumées, qui roulait n'importe comment. En quelques secondes, environ cinq témoins ont alerté le Samu, les pompiers et la police. Mais pourquoi l'alerte est-elle si complexe ? Partout en Europe un numéro unique a vu le jour, le 112, mais en France les lobbies de tous ces groupes de secours ont agi pour que cela ne se fasse pas. Chacun protégeant son fief. Les politiques au courage dans leur poche, sous les liasses de billets et les bulletins de vote, n'ont jamais bougé pour moderniser l'appel au secours et encore moins les solutions d'intervention. Quotidiennement, les gens alertent les secours et personne ne les félicite, comme si cet acte citoyen était normal. Eh bien, non ! Nous sommes à l'époque du *Loup de Wall Street*, et la société est à l'acmé de l'égoïsme !

La France s'émeut de l'indifférence des voyageurs d'un wagon de train car ils n'ont pas réagi alors qu'une femme se faisait agresser et violer. Les politiques protestent, les intellectuels s'élancent dans des démonstrations complexes, les médias s'offusquent et moralisent : Oh ! Le peuple est vilain de ne pas réagir. Mais personne ne gueule sur l'indifférence dans la préfecture de police de Paris, alors que la femme que des flics ont violée a dû hurler ! Les politiques semblent bien niais face à la violence sociale et à la dictature des banques. Depuis longtemps, donner l'alerte sur des problèmes, c'est comme demander de l'eau dans le désert. Et ceux qui alertent sont rarement salués. Alors, bien sûr, tous les flics ne sont pas des criminels, tous les politiques ne sont pas des pourris, tous les journalistes ne sont pas des amateurs, comme tous les médecins ne sont pas des humanistes. Le monde et les gens ne sont pas et ne seront jamais parfaits... Mais justement : comment valoriser les actes de solidarité au quotidien ? Il a fallu attendre Giscard pour que l'avortement soit légalisé et mettre fin à l'hécatombe des femmes décédées après des actes de torture. C'est elles qui font le vent sur les cimetières à force de se retourner dans leurs tombes face aux barbaries actuelles et à la montée des égoïsmes. Les enfants maltraités, exploités, massacrés par leurs bourreaux, il a fallu attendre des siècles la réforme du code de déontologie dans les années 1980 pour que les signalements soient obligatoires, et c'est le fait que ceux qui dénoncent ne sont pas inquiétés qui a fait chuter ces maltraitances des enfants. La solidarité et le courage d'un peuple s'organisent et se motivent ! Les politiques et les médias sont toujours aussi donneurs de leçons, mais que font-ils pour encourager ? Pas grand-chose : sauf lorsqu'ils dégainent des shows pour le *charity business* ! Du wagon de train à la préfecture de police de Paris et des décisions politiques sur la solidarité, il y a un dénominateur commun : l'égoïsme et la fin d'une époque. Mais il existe un héroïsme quotidien qui alerte, secourt, apporte de l'aide et dont tout le monde se fiche, et c'est un tort. Il existe aussi des idées neuves pour changer les choses et casser la dictature du « que pour sa gueule »...

Perdre la tête, une question de temps ?

7 mai 2014

Le patient va très bien, mais le gros souci est l'accès aux soins égalitaire et pour tous. Même si c'est de toute façon un leurre, il faut y tendre ! À l'inverse, les technologies ultramodernes ne doivent pas entraîner un désintérêt pour les maladies du quotidien ou banales.

Hervé est un honnête homme, de cette fameuse classe moyenne française, il a un demi-siècle selon sa carte d'identité, sa vie sentimentale a été recomposée dix fois en fonction des vents de l'amour, ses enfants sont partis bien loin, il est discrètement obèse, ne fait pas de sport, et il jure que, demain, il arrêtera de fumer. Il a toujours respecté le code de la route, payé ses impôts, voté à gauche et Hollande pour que le changement soit maintenant, et il a un projet insensé : construire un bateau pour voguer sur le lac d'Aix-les-Bains, la ville de ses origines. Il est propriétaire de son appartement et il est endetté comme il est de règle dans cette économie au service des profits des banques. Il dit qu'il a de la chance, car il a encore son travail dans une boîte d'informatique. Hervé est un chic type, généreux et pas méchant, aimant le théâtre, le rock, le punk et le pinard, mais le bon, bien entendu, bien bu, comme il dit si bien. Vers 15 heures, il a senti son bras gauche se dérober. Comme si un poids le tirait vers le sol. Il a été surpris, car il en était de même pour son pied, sa jambe et sa cuisse gauche. Il a demandé à son collègue de bureau de l'aider, mais il avait beaucoup de mal à parler, l'autre croyait qu'il faisait le con... Mais une autre s'est souvenue de la campagne de communication du ministère de la Santé, des neurologues et des Samu, qui évoquait ces signes et demandait aux gens d'aller vite, que c'était un accident vasculaire cérébral, etc. Alors ils ont appelé le Samu. Les équipes de secours, une fois sur place, ont confirmé l'AVC et donc, d'urgence, il fallait un centre spécialisé comme il était dit dans la publicité... Sur le papier des agences régionales de santé, les protocoles sont formels : « Les services de neurovasculaire doivent prendre les malades dont la répartition a été définie en territoire de santé. » Malheureusement, le premier service est débordé et refuse le malade. Le deuxième n'a plus de lits et, de toute façon, le malade n'est pas de son « secteur » et il « ne prend pas toute la misère du monde » *(sic)*. Il y a des médecins qui feraient bien de faire autre chose. Le troisième neurologue refuse, car le malade n'entre pas dans son protocole et il en attend un autre. Le quatrième est désolé, mais son IRM est en maintenance et donc impossible de réaliser l'imagerie.

Pendant ce temps, le malade devient de plus en plus hémiplégique, on attend qu'une place se libère. La science a considérablement progressé pour sauver les malades victimes de ces accidents vasculaires cérébraux. Mais, entre la communication des autorités, les bons vœux des médecins et l'application sur le terrain, il y a deux mondes. Le monde de la technostructure qui va limiter les plateaux techniques, les lits, et celui des personnels de terrain qui sont aux pieds du malade. « Chaque seconde compte », qu'ils disaient à la télé. Et chaque minute passe, pesante et lourde. Je recommence à téléphoner à tous les services et à négocier. Au troisième appel et un changement d'interlocuteur, je tombe sur un médecin plus ancien, plus empathique, volontaire, et qui comprend le problème. Il me dit : « J'va m'débrouiller, amène-le vite. » Faut avouer que c'est rare, désormais, comme si le cerveau des médecins était envahi par l'économie de la santé. Sans perdre de temps, le brave bonhomme est conduit dans le service de cet établissement qui participe du service public et est géré par une fondation. Une fois dans l'IRM, les images sont apparues et le traitement a été administré. Il ne s'agit pas d'un miracle, juste un progrès considérable de la science. Si miracle il y a, c'est de trouver, aujourd'hui, un médecin qui se bouge pour faciliter l'accès aux soins du malade. Hervé a entièrement récupéré et il a même repris son travail. Mais il faudrait que ce soit le cas partout en France. Nous en sommes loin !

Jamais sans toi

14 mai 2014

Qu'est-ce qu'un médecin sinon un conteur d'histoires ?

Si vous parlez à un médecin et que vous lui demandez l'histoire qui l'a le plus marqué dans sa vie, il aura toujours un ou deux dossiers, bons ou mauvais, d'échec ou de succès, drôles ou pas. Un de mes collègues se souvient encore de cette histoire d'amour. Oui, d'amour, le grand, le bel, le merveilleux amour de Bertrand pour Claire. Plus de soixante ans de vie commune. Ils n'ont pas connu notre époque du couple vite fait, vite défait, de l'amour consommé comme du papier-toilette en une sorte de nécessité sociale... non ! De l'amour, du vrai et profond, comme une chanson de Barbara. Oh, bien sûr, il y a eu des hauts et des bas. Elle était femme de ménage, vivant modestement dans un petit appartement tout près du cimetière Montparnasse, toujours à l'heure et rigoureuse dans son travail. Elle n'a pas perdu un de ses clients, devenant amie de la famille et la grand-mère des enfants devenus adultes. Elle était fière de son mari. Il travaillait à la RATP et il avait monté les échelons jusqu'à chef de station. Il avait connu la guerre, l'Occupation, les poinçonneurs, les wagons de première et de seconde classes. Une vie sous terre dont il était fier, jusqu'à sa retraite et sa médaille du travail. Ils avaient même fait une fête grandiose avec leurs quelques amis dans leur appartement.

À la retraite, ils étaient restés à Paris avec leurs habitudes, les commerçants du quartier qu'ils ont vu fermer les uns après les autres et leur désespérance lorsque le troquet du coin de la rue est devenu un magasin de fringues à la mode. Ils semblaient comme se regarder diminuer l'un l'autre. Ils voulaient voyager et ils aimaient tant aller sur l'île d'Oléron manger des huîtres avec du blanc. La tempête a commencé avec le cancer du sein de Claire. C'était il y a une quinzaine d'années et les traitements n'avaient pas progressé comme aujourd'hui. La découverte de la masse ne fut pas seulement au niveau des seins, mais un peu partout, des os aux poumons, et Claire n'a pas compris ce qui se passait, mais les docteurs étaient gentils. Jusqu'au jour où ils l'ont laissée mourir seule chez elle, car il n'y avait pas de place pour l'accueillir dans une unité de soins palliatifs. Bertrand a fait ce qu'il pouvait, la regardant s'éteindre comme une bougie au fond du bougeoir. Il était affolé tous les jours, ne dormant plus, la lavant régulièrement pour qu'elle se sente mieux. Il l'embrassait comme au premier jour, mais sans l'enlacer, car les douleurs étaient devenues générales. Il avait entouré le lit des photos et des souvenirs d'Oléron. Elle est morte et lui s'est perdu dans le néant. Comment cela pouvait-il être possible ? Il a bien prévenu son fils et sa fille qui habitaient très loin et qui n'avaient pu accompagner l'agonie de leur mère. L'âge et la maladie sont deux verdicts horribles pour les relations humaines : trop vieux et malades, et la peine d'abandon est prononcée avant la mort. C'est comme une guillotine qui coupe les relations. L'enterrement a eu lieu en tout petit comité, Bertrand, ses deux enfants, et la pluie. La famille avait un caveau profond, déjà occupé par les cadavres des générations disparues. Bertrand a demandé que Claire soit mise au plus profond.

Après une cérémonie religieuse à l'église, où il a mis toutes les roses rouges possibles, ils se sont retrouvés au cimetière. À la fin Bertrand a demandé à ce que tout le monde s'éloigne pour se recueillir un peu. Sa peine était immense, mais il a semblé soudain comme apaisé. Ils se sont éloignés. Au bout d'un long moment, quelqu'un a regardé mais Bertrand avait disparu. Il venait de se jeter dans la fosse sur le cercueil de Claire, tête la première. Fracassé sur son cercueil. C'était il y a quinze ans. Mon collègue Jean Seb se souvient encore de sa descente en rappel avec les pompiers dans la tombe, entouré de cercueils, pour constater le décès. Bertrand est mort sur Claire. À 87 ans, il était encore amoureux, et pas question que cette crotale de mort les sépare.

La corruption moderne va bien

21 mai 2014

Depuis, rien n'a changé. Plus de 120 millions d'euros d'impayés à l'Assistance publique–Hôpitaux de Paris par les dignitaires du monde entier. En août dernier, j'ai écrit un tweet pour dire au roi d'Arabie saoudite de payer les 3,7 millions d'euros que son ambassade doit aux Hôpitaux de Paris. Tout le monde a protesté et réclamé… mais rien! Les riches ont bien compris comment ne pas payer notre excellent système de santé!

La presse en a parlé, le 8 mai dernier, un émir ou un prince, ou un riche personnage, donc un puissant de ce monde, s'est fait soigner à l'hôpital Ambroise-Paré, de l'Assistance publique-Hôpitaux de Paris. Pour cela, il a exigé de prendre neuf chambres du septième étage, et les a fait réaménager. Combien a-t-il payé, combien les médecins ont-ils reçu d'honoraires, en consultation privée ou pas? Nul ne sait. Soi-disant que cette privatisation a été organisée parce qu'il «y a une baisse d'activité lors du pont du 8 mai». Mais il est resté jusqu'au 14 mai! Ce n'est plus un pont, mais un viaduc! Et, surtout, l'activité ne baisse pas! Les pouvoirs sanitaires connaissent l'embouteillage aux urgences lors de ces ponts, et à Ambroise-Paré comme ailleurs, l'activité augmente, car des structures de soins ferment et on manque de lits. Deuxième argument: les riches rapporteraient de l'argent. Ce n'est rien d'autre que l'application de cette saloperie de loi Bachelot : la possibilité de soigner des malades riches en France. Il y a quelques mois, la polémique avait même été lancée avec des « recruteurs internationaux » payés par l'AP-HP. Mais le paradoxe se situe dans le fait que les pauvres, les migrants, les sans-papiers qui bénéficient de l'aide médicale d'État sont régulièrement montrés du doigt par les économistes car ils coûteraient cher alors que, en les soignant, nous évitons que leur tuberculose (par exemple) se répande. Mais les riches sont salués de la tête par ces mêmes économistes ! Sachez que ces milliardaires se barrent souvent en n'ayant payé que le professeur en honoraires libres, mais... pas l'hôpital ! D'où des millions d'impayés que les pouvoirs publics sont incapables de récupérer.

Par ailleurs, ce n'est ni plus ni moins que la version moderne des services privés, comme dans les années 1960 à 1980, où les grands mandarins avaient leurs lits privés, payés aux frais du contribuable, mais dont tous les bénéfices étaient pour le professeur. Tout le personnel en profitait plus ou moins, rendant des services aux puissants et aux riches, faisant les gardes-malades à leur chevet, apportant les journaux, les petites choses comme du bon café... C'était l'époque de *Sept morts sur ordonnance*, le film de Jacques Rouffio, tellement réaliste. Jack Ralite, alors ministre de la Santé de Mitterrand, avait voulu la suppression de ces lits privés et des activités privées dans les hôpitaux en 1984. Il n'a pas réussi, car le mastodonte, le Goliath du lobby médical, avait monté une énorme grève. Depuis, le problème du privé et des dépassements d'honoraires à l'hôpital n'est toujours pas résolu. Véritable corruption moderne qui engendre une perte de soins pour ceux qui ne peuvent payer. L'argument qui est de dire que nous allons aller chercher les riches pour les soigner et gagner de l'argent est certes séduisant, mais le problème est de ne pas oublier la vieille sur son brancard aux urgences pour laquelle il n'y a pas de lit car l'émir loge sa suite, ni le jeune et sa fracture ouverte sur le bord du périphérique et qu'aucun orthopédiste des Hôpitaux de Paris n'accepte faute de place, ni le SDF dont le sang est du vin rouge et qui ne peut être hospitalisé et qui retourne, finalement, sur son trottoir... Ce système ferait rentrer des sous pour combler le déficit de l'AP-HP ! Certes, mais sachez que les comptes de l'activité privée des médecins de l'AP-HP augmentent d'année en année. À tel point qu'un nouveau professeur très connu a de nouveau été suspendu... Ce système ne fonctionne pas, car les pays ne payent pas les millions qu'ils doivent à la France lorsqu'on soigne leurs riches malades. Personne ne demande au corps diplomatique de payer, par exemple, le Val-de-Grâce lorsque des présidents étrangers arrivent là-bas... C'est une sorte de passe-droit diplomatique à plusieurs millions d'euros !

Partir en fumée

28 mai 2014

La maladie a gagné, mais derrière cette petite histoire se cache finalement l'impuissance des pouvoirs publics à faire diminuer la consommation du tabac. Je pense même que, quels que soient les prix, les fumeurs continueront ! Le problème est chez les jeunes, il faudrait les empêcher de commencer à fumer… mais comment ? Elsa Cayat riait en me disant : « Passé 15 ans, on ne peut plus changer ! » C'est pour cela qu'à Charlie *nous étions tous des ados.*

À 14 ans, lorsqu'il a commencé à fumer, c'était un peu pour être rebelle, être déjà adulte. Ses parents le lui ont bien interdit, mais il a continué. Vers 17 ans, choper des petites et être dans le groupe semblaient impossible sans la clope, il en était déjà à un paquet de cigarettes par jour, voire plus, sans compter les joints qu'il se roulait lui-même. Un joint est une cigarette sans filtre avec du shit qui vient d'on ne sait où, et parfois des diluants très toxiques, mais c'est un joint, avec cette illusion de liberté. Son père lui a même proposé de faire sa propre herbe, plus saine et naturelle, mais il a continué à filer son argent aux dealers. Mais progressivement, le tabac a pris sa place, ses manières, ses convenances : il est devenu dépendant. Le tabac, à travers les cendriers, les briquets, l'odeur, est comme son ombre de fumée. Les habitudes sont arrivées progressivement : la cigarette du matin, après l'amour, avant aussi, à l'apéro et après… Elles sont aussi dans les poses de son corps, les mains toujours occupées par le tabac. Et, bien entendu, le ballet des allers-retours à table, le moyen d'aborder une femme. C'est vers l'âge de 30 ans qu'il a tenté d'arrêter, avec la naissance de son fils, qu'il a eu avec une copine qui est partie dans le Sud un an après. Il a fumé de plus belle. Le boulot, plus ou moins stable, car il avait un statut d'intermittent du spectacle, le stress l'a envahi, et le tabac lui a permis de faire plus de nuages qu'il ne pensait. Il a tenté d'arrêter de fumer plus d'une fois, ou au moins entre deux paquets de cigarettes, il a perdu de vue ses enfants avec le temps, les séparations, les déménagements, mais a trouvé un travail fixe dans un grand théâtre de banlieue. Il avait pris de bonnes résolutions, mais le stress, la convivialité, le temps qui passe, tout l'a empêché d'arrêter de fumer.

Quel âge a-t-il maintenant ? Aucune importance. Il vient de résumer en quelques minutes quarante ans de vie merveilleuse, car c'est la sienne. Ne le jugez pas, il n'est pas facile de quitter une addiction comme le tabac ou l'alcool. La toux, la fatigue, les petites douleurs l'ont poussé aux urgences. La radio de ses poumons a montré une usine à faire des nuages, avec une tumeur à droite, un crabe bien implanté. Son visage est sidéré, tout ça va tellement vite. Il a envie que tout s'arrête, que quelqu'un vienne lui dire que c'est une erreur, qu'on s'est trompé, qu'on a mélangé des noms et des résultats… Mais non, rien n'y fait, il voit défiler de plus en plus de spécialistes et de rendez-vous qui tombent, comme si sa vie était victime d'un hold-up. Qui va le remplacer au théâtre, qui va s'occuper de… ? Toute sa vie est comme mise entre parenthèses. Un médecin très jeune, très cassant et imbu de lui-même, est passé le voir en lui résumant en trois minutes le vocabulaire de ses prochains mois : scanner, chimio, cathéter, rayons, chirurgie… Il ne sait plus ce qui se passe et demande aux personnels les plus empathiques un regard, une main, pour le sortir de ce cauchemar. Il jure qu'il va se battre et vaincre la maladie. Les soignants lui font des réponses pleines d'empathie, avec des conseils à la con comme « Pensez à vous couper les cheveux très court pour vous habituer »… Quand la maladresse fricote avec la bêtise, il ne faut plus compter que sur soi… Alors il est allé fumer sa dernière cigarette, puis son dernier paquet. L'âge n'a pas d'importance. Son corps a changé et il doit se soigner. Ça va être difficile, car il faudra espérer qu'il ne perde pas son travail, qu'il garde le moral, qu'il ne se sente pas trop seul… Il jure qu'il va se battre et vaincre cette saloperie. Je suis certain qu'il va réussir !

Topor est là

4 juin 2014

Un jour, j'avais emmené Charb à moto, et, arrivé à un carrefour, je lui avais montré ces pigeons. Ces promenades en moto me manquent bien que je savais qu'il avait un peu la trouille. Une fois, nous étions allés au château de Versailles voir notre ami Alain Baraton. Nous avions roulé dans le parc en hurlant notre joie de voir la nature ! Alain m'a avoué que tout le parc nous avait entendus !

Si vous vous promenez dans Paris, arrêtez-vous au carrefour de l'angle de la rue Auber et du boulevard Haussmann. Regardez le feu tricolore ! Oui, je sais, c'est pas ce qu'il y a de mieux, mais c'est drôle : il est habité par un pigeon. Vous l'avez peut-être oublié, mais il s'agit de l'oiseau typique de Paris. Normalement ils volent, mangent et chient un peu partout, mais là, ce pigeon a élu domicile sur le socle qui sépare le vert de l'orange. Un pigeon centriste, ni rouge, ni vert, orange ! Un oiseau qui aime les couleurs qui changent, un tourtereau des temps modernes qui voulait un pigeonnier disco. Alors il déverse sa fiente sur ce feu de signalisation qui devient avec le temps le poteau du pigeon. Voir le feu est encore possible, malgré la couleur blanche de ses excréments, qui l'ont recoloré progressivement. Il est là sur son socle, il bouge rarement, dans le style : le vol est une nécessité, pas une obligation ! En tout cas, chaque fois que je passe par là, il est là. Allez savoir si ce n'est pas un ramier fou qui est tombé amoureux d'une belle lumière, comme d'autres s'attachent à des femmes ou à des hommes. Ou bien un oiseau bouddhiste qui fut dans une vie antérieure gardien de la paix et à qui son métier manque tant qu'il est sur son feu à surveiller le carrefour. Bien entendu, les services de la Ville ont tenté de l'expulser... Cette manie de toujours vouloir faire reculer la nature est pénible ! Certes, cet oiseau chie sur le symbole de l'ordre de l'homme moderne, sur les trois couleurs qui ont envahi notre société, mais de là à vouloir le virer alors que la baisse du nombre d'oiseaux à Paris est incroyable et inquiétante, ce n'est pas très écolo ! Le feu a été nettoyé. Le pigeon, dans sa tenue de camouflage couleur trottoir, a dû les regarder avec mépris. De toute façon, les oiseaux ont toujours considéré les êtres dits humains comme inférieurs, car ils ne volent pas ! Il n'a fallu que quelques heures pour qu'il se repositionne sur son feu, devant le spot orange. Il est là. Il attend. Rien. Il est le naïf sur le feu tricolore, le pigeon que les automobilistes ne peuvent pas éviter du regard.

Ils le voient pour pouvoir passer le carrefour, mais ne regardent pas le clochard qui loge sur une bouche d'aération du métro à ce même carrefour. Il est toujours là. Allongé en plein milieu du trottoir, perpendiculaire au flux des passants, il ne bouge que très rarement. Il est habillé dans une tenue couleur bitume sale et pleine de trous, sa barbe et ses cheveux sont des forêts abandonnées aux petites bêtes diverses et variées. Il a toujours un mauvais vin en carton à la main. Son sang doit être du vin rouge avec quelques globules. Il est là et il dort la plupart du temps. Il va au pissoir d'à côté, doit se nourrir des poubelles le long des grands magasins, fait un peu la manche pour se bourrer la gueule, et attend certains soirs les maraudes des associations. Il refuse tous les hébergements, car sa place est bien située dans ce quartier riche, et il existe comme cela. Mais évidemment que le pigeon surveille le clochard, puisque les autres hommes ont laissé ce pauvre bougre échouer sur le trottoir, un peu comme si la crise sociale était une tempête et que lui avait échoué là. Le pigeon le regarde, le surveille. Complètement par hasard, l'autre jour, je suis passé devant ce couple urbain et d'écologie citadine. Le clochard venait de récupérer de la bouffe dans la poubelle. Il s'est assis et a posé délicatement quelques morceaux à côté de lui. Le pigeon a alors quitté son feu orange et a bouffé près de lui. Y a rien dans cette histoire que du temps qui passe et la misère entre oiseaux et humains qui finalement se rejoignent… Ça vole pas haut, tout ça, mais, entre les oiseaux qui résistent à la mort de leur espèce dans les villes et les hommes qui meurent de la crise, il y a une relation… À vous de finir !

Vlam dam dam

11 juin 2014

À la lecture de cette chronique, Tignous, qui se déplaçait avec un vieux vélomoteur qui ressemblait à une tronçonneuse, avait pris peur et envisageait de porter une véritable armure pour se protéger !

Difficile de résister entre les beaux jours, les quatre gamins qui en veulent et leur mère qui a fini par dire oui. André est donc allé acheter des rollers avec toute sa grande famille. C'est la publicité et l'euphorie vivifiante d'un beau soleil de week-end de juin qui l'y ont incité. Malgré ses réticences, la promotion a gagné : six paires de rollers plus les équipements de protection et ce sont quelques centaines d'euros partis sur roulettes. En rentrant chez lui, il a émis des doutes et cherché des prétextes pour éviter de devoir aller faire du roller. C'est alors que la mère des enfants a trouvé sur Internet ce rassemblement dans Paris pour les débutants. Ni une ni deux, toute la smala a décidé d'y aller ! Il faut avouer qu'il n'a pas été très enthousiaste, mais étant le père et en quelque sorte, selon l'image rituelle, le chef de famille, il a fini par accepter : ce ne sont pas des roulettes qui vont humilier cette image ! Ses enfants ont été faits avec un rythme régulier : un tous les deux ans. La plus jeune a 8 ans et sort de sa chambre en parfait équilibre sur les rollers. Les autres ont enchaîné l'accoutrement. Il a prétexté le carrelage, le parquet, les voisins, les escaliers, l'ascenseur pour remettre ses enfants sur le sol. Dans la liesse du père victorieux, tel César rentrant dans Rome, ils sont arrivés place des Invalides devant un rassemblement bigarré d'êtres humains qui voulaient découvrir le déplacement sur roulettes. Alors qu'il n'avait pas encore terminé de mettre ses protections, ses enfants avaient déjà les rollers et commençaient à s'exercer, sans protections, mais sans chute. C'est la mère qui leur a ordonné de mettre les protections, comme pour demander élégamment de ne pas trop humilier le père. Pendant ce temps, lui regrettait déjà son canapé et sa bière, comme tous les samedis après-midi passés à regarder n'importe quoi à la télé, histoire d'oublier son stress du travail.

Après quelques instants, très longs, et sous le regard de ses enfants et de la mère, le père a fini par se lever dans un équilibre instable, entièrement en rollerman ! Il s'est senti comme un adolescent qui découvre une sensation. André rajeunit et se sent maître des roulettes comme personne. Dans un silence religieux, ils ont écouté une sorte de sermon lancé par un type vaniteux du patin à roulettes, bronzé comme une tablette de chocolat, bellâtre assumé. André a écouté debout, tenant comme il pouvait. Mais ses pieds, ses chevilles et ses genoux n'appréciaient pas du tout la présence de roulements à billes pour les diriger. Par petites saccades, il tentait de rester le chef de famille en conseillant ses enfants, qui non seulement ne dandinaient pas, mais qui, au bout de dix minutes, commençaient à inventer des styles ! Un grand con leur a souhaité bonne chance en se marrant. André a vu tout le monde partir comme des tortues qui viennent de naître et qui rampent vers la mer. Il a voulu démarrer et les rollers sont partis très vite, tout seuls, oubliant le reste du corps de ce pauvre père qui est tombé complètement en arrière. La douleur fut extrême au niveau du coude. Il se sentit mal sous le regard de toute la famille revenue le secourir. Il en a même fait un malaise, se liquéfiant à grandes sueurs. Aux urgences, les radios ont montré une fracture du coude très complexe. Toute la famille en a été quitte pour ranger les rollers tout neufs au placard. Alors, en ces temps magnifiques, amusez-vous, bien entendu, mais ne vous laissez pas emporter par la culture pub et les phénomènes de mode, c'est ce qu'André racontait aux trois autres victimes de la saison des rollers.

L'art comme la vie

18 juin 2014

Cabu préférait le jazz et Trenet, mais lorsque le rock fricotait avec le blues il ne disait pas non. Ne ratez pas son livre sur le jazz qui est une merveille !

Arrivé au Stade de France pour le concert des Rolling Stones, me voici dans une foule de tous les âges, tous les styles, toutes les origines, toutes les conditions sociales. Dans ce stade à la sonorité catastrophique qui a dû être sponsorisé par les vendeurs de Sonotone, les Stones réussissent à mettre le public debout du devant de la scène au plus haut des gradins. Quatre musiciens qui ont traversé le temps et marqué l'histoire de la musique donnent du plaisir. Pas loin de moi, une dame au crâne rasé se déhanche sur « Out of Control » avec un sourire de l'oreille droite à la gauche ! Sa chemise cache mal son dispositif pour passer les chimiothérapies. Ce concert lui a fait un peu oublier ses soucis, le temps qui passe, et, comme les Rolling Stones semblent conservés aux années 1960, elle danse et chante comme si... L'art est comme une bulle d'air dans le traitement pour garder l'espérance. L'autre jour, je suis allé voir *Le Roi Lear* au Théâtre de la Ville. Le public montait les marches et, au milieu, vous eussiez cru voir un couple de vieillards voûtés et chancelants comme si le bateau de leur vie affrontait une tempête sur la mer du temps. Vous auriez dû regarder à deux fois pour voir : deux passionnés de Shakespeare qui n'ont pas raté un instant de Serge Merlin et qui se sont levés pour les rappels d'un seul bond de prothèse de hanche ! L'âge n'est pas dans les apparences, mais ailleurs, et probablement dans les passions et les arts. C'est comme les Tréteaux de France, qui posent leurs chapiteaux pour interpréter des pièces au milieu de territoires qui n'ont plus vu de théâtre depuis l'occupation par les légions romaines de César. Ne perdez pas votre temps dans la quête de l'âge, mais dépensez-le dans la découverte des arts ! Pour juguler ma rage contre la crise sociale, il m'arrive de courir seul dans les bois qui entourent Paris. L'autre jour, une troupe de danseurs hip-hop s'exerçait au pied des arbres, qui semblaient admiratifs des ondulations des danseurs. L'art en pleine nature avec des corps plus ou moins souples et plus ou moins âgés qui s'éclataient sans complexe ni ségrégation. Quelle bêtise décidément de situer tout le temps dans les conversations les gens par leur âge. Nous ferions mieux de demander : l'état de santé, le nombre de traitements, de maladies, de troubles physiques ou psychiques et, pour aller plus vite, de métastases ! L'intelligence, la valeur humaine sont au-dessus de ça, comme ce groupe de jazz où des très anciens jouent avec délices avec des plus jeunes ! Qu'entendons-nous ? La musique, l'art et la vie !

À l'exposition de photos de Depardon, il y avait toutes les époques de montrées, et les clichés étaient regardés par autant de gens nés en des temps différents, mais tous regardaient et allaient dans le même sens : l'admiration de l'artiste. Quel point commun entre les Rolling Stones, le théâtre, la photo, la danse... ? La jouissance, bordel ! Le plaisir des arts et le bonheur d'être vivant. C'est là le dénominateur commun avec la médecine. Qui peut faire oublier le malheur et la douleur sinon l'Art ? Un grand concert rock est mieux qu'une perfusion d'anxiolytique et engendre dans l'esprit une espérance. C'est pour cela que le statut des intermittents est important et qu'il faut défendre une production artistique qui commence par le statut social. L'avenir d'un peuple est dans sa démocratie, sa liberté et sa création, et sûrement pas dans un culte de l'économie pour être les plus riches ou les moins endettés du cimetière, où le tout-économique aurait tué l'intelligence. Et l'essentiel est que l'art nous protège, avec la laïcité, des intégrismes religieux ! Tous avec les intermittents.

Flower power

25 juin 2014

Bernard Maris militait pour le vélo à Paris comme Simon Fieschi, un homme fantastique et qui s'occupe si bien de Charlie Hebdo. *Alors à chaque fois que j'évoquais ces thèmes d'écologie, j'avais droit à un « ah ! c'est vachement bien ».*

Vous les avez vus mais pas regardés. Si vous entrez dans un hôpital, forcément, vous passez à côté, mais sans les voir ni les admirer. Ce sont les fleurs, les arbres et les espaces verts coincés entre les bâtiments en béton ou les surfaces mortes des parkings. Ces jardins sont menacés par les économies et les plans de retour à l'équilibre budgétaire des directeurs, qui préfèrent le bitume ou un dallage plutôt qu'un bosquet ou une pelouse sauvage. À force de ne plus voir que les dépenses des établissements de santé, les directeurs ont supprimé les jardiniers des hôpitaux les uns après les autres et diminué le budget d'achat pour les plantes, les arbres, les fleurs, le matériel pour entretenir les petits espaces verts. Vous qui passez à côté d'une jardinière avec quelques jolies fleurs qui ressemblent à des soldats de la résistance de la nature, plantés au milieu des murs de béton mort, rendez-vous compte un instant du boulot que font les personnels ouvriers dans les hôpitaux, ce que font ces jardiniers pour humaniser ces lieux de peurs, d'angoisses, de souffrances ou de joies. Un jour récent (mais lequel, je ne sais plus... il y en a tellement !), devant la Pitié-Salpêtrière, il y avait des gens sur des bancs.

Un petit groupe se détachait par le nombre et la joie qu'ils manifestaient, entourant un homme en fauteuil roulant avec sa perfusion comme un petit nuage au-dessus de sa tête, chauve et très maigre, sans doute un combattant sur le front du cancer. Les gens autour devaient être ses amis et sa famille, et ils avaient improvisé un petit pique-nique avec un petit rosé frais et quelques tapas. Ils n'ennuyaient personne et profitaient des allées fleuries, arborées et chaleureuses comme une villégiature volée au temps et au lieu. Personne ne fera de rapport suffisamment fort pour dire combien il est important d'avoir des jardins dans les hôpitaux, de permettre aux malades d'avoir accès aux parcs, et de récupérer un instant sous un lilas en fleur au soleil couchant.

Ces espaces verts entretenus et développés, même dans un petit carré de terre, deviennent pour les malades un lieu de liberté et d'oubli des affres du corps meurtri par la maladie et alourdi par le poids des soignants. En plus, ils ne sont plus seuls, car la fleur attire l'abeille, le papillon, la terre fait venir la fourmi et le machin bizarre qui se balade entre des petites écorces et qui fait que le malade se pose une autre question que son mal-être : « C'est quoi, ce truc ? » Il ressent la liberté, le sens de la vie, comme une bouffée d'envie de vivre entre deux chimios. C'est la promenade des amis qui viennent à l'hôpital voir le malade qui y séjourne depuis des semaines, et dont le seul espace de liberté est d'aller sous ce tilleul qui sent si bon et de trouver un moineau de Paris aussi beau et majestueux qu'un rapace des montagnes, pour s'envoler avec lui. Les jardiniers des hôpitaux, comme les associations qui distribuent des livres, contribuent à cette liberté et aident au traitement. Ne croyez pas que c'est en regardant en boucle des programmes télé qu'ils vont mieux. Les jardiniers sont des personnels soignants.

P.-S. J'ai été me marrer au spectacle de Camille Chamoux, *Née sous Giscard,* au Petit Saint-Martin, à Paris. C'est une bouffée d'humour dans l'asphyxie de la morosité... Son spectacle est aussi trash que poétique. J'adore.

Une mesure de gauche

2 juillet 2014

Nous avions avec Bernard Maris un beau projet : un livre à deux voix ; l'économiste et le médecin sous forme de correspondance. Bernard voulait que la santé ait plus de moyens et était très favorable à ce que l'argent du capital et les transactions financières payent aussi la Sécurité sociale.

L'Institut de recherche et documentation en économie de la santé vient de publier une étude démontrant que, en 2012, 25,7 % des personnes interrogées ont renoncé à un soin dans les douze derniers mois pour des raisons financières. En premier, ils laissent tomber leurs dents, puis ce sont leurs yeux qu'ils ne veulent plus voir, puis les ORL, qui n'entendent plus parler des malades de plus en plus jeunes et sourds. 17,1 % ont renoncé en raison du délai d'attente trop long. Enfin, seulement 5 % bénéficient de la CMU, et, contrairement à une idée reçue, ce chiffre n'augmente pas. Le gouvernement vient de prendre une mesure très importante en généralisant le tiers payant : les malades n'auront plus à avancer les frais. C'est déjà en vigueur dans les pharmacies, les centres de santé, les hôpitaux... Cette mesure est saluée par les partis de gauche, les syndicats, les associations de malades, les organismes de lutte contre la pauvreté. Qui est contre ? Certains syndicats de médecins libéraux, qui devraient au contraire se réjouir de voir la possibilité pour des malades qui n'allaient pas les consulter de venir. Leur argument est de dire que les gens seront « déresponsabilisés ». Comme si l'argent rendait responsable, alors que les déficits en matière de santé sont dus à la crise et aux extrêmes de la vie (pour le cancer du sein, ce qui coûte le plus cher est le transport en ambulance privée !). Comme dans tout système, il y a 5 % de connards qui abusent, mais est-ce une raison pour punir les 95 % restants ?

Alors ils s'en prennent à la député socialiste Catherine Lemorton, qui fait un immense travail à l'Assemblée, l'accusant de propos qu'elle n'a jamais tenus. Leur méthode est la même que celle des anti-mariage pour tous : diffamer. Je ne comprends pas la rage de ces libéraux contre une mesure si importante pour faire face à la crise, et soutenue par près de 60 % des Français. Pourquoi le monde médical est-il aussi conservateur, alors qu'il devrait être le premier à défendre la Sécurité sociale, qui a permis à la médecine, en soixante-dix ans, de prendre un immense essor social et scientifique ? Certains médecins disent que les systèmes informatiques foirent, et de nombreux praticiens hurlent contre la Sécurité sociale, qui ne les paie pas rapidement. Ils ont raison : il faut un système efficace, car tout travail mérite d'être payé. Mais est-ce une raison valable pour empêcher le tiers payant ? Certains commentateurs évoquent qu'avec le tiers payant certains médecins ne pourront plus cacher des revenus, ou avoir une double caisse, ou pratiquer les dépassements d'honoraires... À l'heure où le gouvernement demande de réaliser encore des économies sur la Sécurité sociale, il y a des réformes urgentes et modernes à faire et que les politiques n'ont jamais osé entreprendre, car elles toucheraient les castes et les aristocraties médicales. Aucun politique n'a ce courage, car les professionnels de santé sont très largement représentés dans les assemblées. Un professeur, chef de service, de société savante, président de comité... peut bloquer toute une politique nationale. Le peuple rame dans la galère et les lobbies courent toujours. Il faut moderniser et contractualiser le statut des professeurs de médecine, avec le non-cumul des mandats de responsabilité hospitalière. Exiger la transparence des syndicats médicaux par rapport aux laboratoires pharmaceutiques. Le monde médical serait alors moderne et en accord avec les aspirations du peuple, et pas dans les égoïsmes des spécialités et de leur vanité.

Les pales en or

3 juillet 2014

Depuis cet article, la mobilisation de la France a empêché que des gens qui ne savent pas piloter deviennent assistants d'hélicoptères ! Les idées semblent un peu avancer pour la création d'un grand service public des transports héliportés sanitaires, mais c'est très lent !

C'est une histoire simple : l'application d'une directive européenne. Comme vous le savez, la France en fait ce qu'elle veut, mais comme une grande partie de la technostructure installée par Sarkozy est restée en fonction dans la santé, ils sortent des délires néolibéraux comme celui-ci, quand ils veulent et sans retenue. Certains ont chanté que « toute leur vie ils ont rêvé d'être une hôtesse de l'air », d'autres c'était pilote d'hélicoptère. Chez ces derniers, il y a ceux qui l'ont fait et d'autres qui sont restés dans le rêve de jouer *Apocalypse Now* avec des maquettes d'hélicos. Cette directive dit qu'il faut que le pilotage des hélicoptères sanitaires se fasse avec au moins un pilote et un assistant. C'est le cas pour les 99 hélicoptères de la sécurité civile, de la gendarmerie et de l'armée, qui ont toujours deux pilotes, mais pas pour les hélicoptères sanitaires du Samu. En cette période où, pour un missile ou un orage, un oui ou un non, les avions tombent, je trouve rassurant que, derrière chaque manche d'un hélico sanitaire, il y ait un pilote qui ne sommeille pas et un autre en cas de problème. Mais voilà que les quatre grosses entreprises qui se partagent le marché public de ces hélicos sanitaires des Samu ont trouvé une astuce pour ne pas augmenter les frais en personnel. Évidemment, le ministère et ses experts ont pour l'instant dit oui : ils veulent former les médecins urgentistes à l'aide au pilotage. Imaginez donc ce qui se prépare ! Le médecin de l'hélico du Samu devient, le temps du trajet, l'assistant de pilotage... Cette délégation de tâche va au-delà de la simple bêtise. D'abord, cela signifie qu'on peut être assistant d'hélico après une courte formation... Les pilotes d'hélicoptères apprécieront la banalisation de leur expertise. Ensuite, cela revient à dire que les médecins n'ont pas assez de travail et que, pendant le transport, le malade peut se passer d'eux ! Ou encore que le combat d'il y a quelques années pour obtenir des ambulanciers afin que ce ne soit pas les médecins qui conduisent les ambulances n'a servi à rien. À moins qu'on considère comme plus flatteur de se dire « Canada Dry de pilote d'hélicoptère » que conducteur d'une ambulance dans les embouteillages...

Mais il y a pire : régulièrement, un hélicoptère sanitaire se crashe. Qui sera responsable ? Je vois d'ici les assureurs qui diront : ah, mais c'était un médecin, l'assistant, il est responsable. Et comme l'hôpital est son propre assureur, une bataille pour savoir qui indemnisera les victimes aura lieu. Les directeurs et leur Fédération hospitalière de France devraient réfléchir à ce gros problème ! Mais le problème est encore plus profond : la France a une technostructure figée en 1970. Il n'y a pas de coopération entre les branches des services publics, qui demeurent au mieux dans leur ignorance, au pire dans des guerres picrocholines coûteuses pour le contribuable et inutiles pour les usagers.

Comme il y a la guerre des services de police, il y a une concurrence totalement débile et contre-productive entre les services de secours. Bilan, les hélicoptères de la sécurité civile ne peuvent pas être utilisés par certains responsables de Samu. Pourquoi ? Personne ne sait ! Sauf que ce sont les entreprises de location d'hélicos qui se font de sacrés bénéfices. Un récent rapport sur les hélicos Samu, validé par Marisol Touraine, recommandait d'acheter quarante-sept hélicos. Totalement délirant, car 50 % des hélicos de la sécurité civile ne volent pas la moitié du temps. Donc, pourquoi ils ne travaillent pas ensemble à l'heure où le pays doit faire des économies ? Il faut un service public d'hélicoptères par la sécurité civile, en lien avec Airbus Helicopters, afin de montrer que nous savons produire du bon matériel, efficace sur le terrain. En attendant, dans les agences régionales de santé, comme celle de Bourgogne, il est demandé aux services d'urgences, déjà sous-dotés, de consacrer une partie de leur budget à la location de ces hélicoptères sanitaires... Nous sommes en plein krach financier.

Elle court toujours

9 juillet 2014

Figurez-vous qu'à l'heure où je termine ce dernier livre j'ai appris qu'elle était toujours vivante !

Ce n'est pas tous les jours qu'il est donné de rencontrer une telle femme, un tel personnage, une telle folie, qui n'entre pas dans les cases des psychiatres tant elle est débordante. La première fois que je l'ai rencontrée, c'était il y a presque vingt ans. Elle avait repéré que les médecins en formation, les internes, changeaient toujours en mai et novembre. Elle avait appris tous les signes cliniques, des plus communs aux plus rares, comme la dissection de l'aorte. Alors, bien entendu, tous les médecins se faisaient prendre au piège de Mme C. Son scénario le plus commun était d'arriver à l'accueil des urgences, la main sur la poitrine, de dire que la douleur était en coup de poignard du dos vers l'avant, et qu'elle n'était pas bien, en sueur, et se sentait partir. Avec emphase, comme une grande tragédienne, elle entrait la main sur les seins, dévisageant tout le monde et fixant le regard d'une infirmière généralement jeune afin de soumettre sa proie à l'illusion. Elle parlait fort en critiquant d'emblée le système avec un célèbre « On laisse tout le monde crever, alors dites-moi si vous allez faire quelque chose ! ». Les patients pervers et qui manipulent le personnel de santé existent et sont sans doute les plus dangereux. À chaque fois, toutes les équipes se mobilisaient et couraient au scanner, ou la transféraient en réanimation. Une fois, elle a même réussi à faire croire au malaise et, un radiologue ayant eu des doutes à l'imagerie, elle a eu droit à un transport en hélicoptère vers un centre spécialisé. Ce qu'elle n'aimait pas, c'était d'être reconnue. Un jour, elle est arrivée, hurlant sa douleur, surjouant le malaise, et moi, à côté, qui ne disais rien. Très vite elle a arrêté de jouer la malade pour jouer l'outragée de ne pas avoir été crue, même si c'était faux. Les pervers savent parfaitement comment retourner les situations et n'ont jamais tort.

Vingt ans que ça dure et qu'elle court toujours, mais impossible de la neutraliser. Elle a fini par être vue par des psychiatres, mais sa prise en charge a été compliquée, avec des hauts et des bas... Dès qu'elle arrêtait ses médicaments, elle revenait dans son théâtre des urgences et sur la scène de la salle d'attente pour jouer la dissection de l'aorte! Même la Sécurité sociale s'était emmêlée devant tous ces cumuls de remboursements et la répétition des actes... Il y a deux ans, comble de l'ironie, un collègue m'a raconté qu'elle était morte. Il m'a convaincu qu'elle était morte d'une rupture d'anévrisme... À force d'attendre et d'appréhender le mal, il finit par arriver. Cette histoire tenait la route et Mme C. entrait au panthéon des malades excentriques et de la mémoire médicale. L'autre soir, j'ai failli tomber de la chaise cassée lorsqu'un appel au Samu est arrivé: une Mme C., dans une maison de retraite, demande du secours car elle a... C'est elle! Elle n'est pas morte et est toujours vivante, dans une institution. L'ayant au téléphone, j'entends une voix déclamant sa souffrance. Je l'interromps très vite pour savoir si c'est bien elle. Cette fois, elle a été contente d'être reconnue!

Un peu comme une artiste reconnue dans la rue, elle s'est dite heureuse d'être accueillie de la sorte. En quelques phrases, elle m'a raconté sa vie, bien pourrie par sa maladie hypocondriaque, les errances, les allocations d'adulte handicapée, les hôpitaux psychiatriques, les médicaments, l'ennui dont elle s'éloignait avec ses scénarios d'hypocondrie. Une vie à vouloir être malade et ne pas l'être comme elle aurait voulu...

L'énervement

23 juillet 2014

Voici le type de chronique que Charb aimait particulièrement. Cette sorte de cascade de problèmes. Je ne sais pas ce que sont devenus ces gens. L'immeuble, lui, est toujours là, mais à mon avis le fiston picolera pour longtemps. Le schéma du père, comme disait Elsa Cayat.

Son père était peut-être son géniteur, et avec son fils ce fut toujours la haine, une forme d'amour donc… Même Freud et Lacan réunis auraient fini par aller boire des bières tellement leurs conflits étaient impossibles à résoudre. Ajoutez à ça qu'ils vivent en bouteilles. Pourtant, ce soir-là, ils avaient décidé de tenter de regarder le match France-Allemagne. Jusque-là, pas de soucis : d'accord sur le programme, sur les bières et pour supporter la même équipe. Tout devait bien se passer. Mais le ton a monté au fur et à mesure que l'alcoolémie a pris le dessus sur les globules rouges devenus bordeaux. L'alcoolique est très angoissé s'il quitte son tonneau. Le père, avec ses 65 ans, a commencé à confondre les joueurs de la dernière Coupe que la France avait gagnée. Le fils de 29 ans corrigeait, mais de plus en plus difficilement, son père. À la mi-temps, il ne se passait pas grand-chose sur le gazon du Brésil, mais sur leur moquette les flacons étaient tous vides. Alors ils ont décidé de commencer à boire le rouge que le père avait en réserve pour environ six mois en buvant beaucoup. Le match a repris et le père a comparé l'arbitre à la mère de son fils. Savoir pourquoi est impossible... Sans doute un refoulement de haine, mais toujours est-il qu'ils se sont engueulés encore plus fortement. Tout y passe : du premier Noël du petit à l'enterrement de la mère.

Il ne faut pas parler de discussion entre deux hommes en colère, car la dispute n'est pas un raisonnement mais une saillie entre trois insultes et deux gestes ridicules de doigts levés. Ils n'ont pas vu le but ! C'est un « rhoooo » venu du bar d'en bas qui les a fait perdre le peu de cerveau qu'ils avaient, se reprochant d'avoir empêché l'autre de voir le but. Le père a failli cogner sur le fils mais a préféré taper dans le mur. C'est ce que nous dénommons la fracture des imbéciles, car les boxeurs et ceux qui font des sports de combat savent taper avec les deuxième et troisième doigts, qui sont dans l'alignement du membre supérieur. Les amateurs tapent avec les quatrième et cinquième doigts, qui cassent alors comme du verre. La douleur a été atroce bien que noyée dans l'ivresse et dans les cris. Le fils ne sachant quoi faire a donc, comme à son habitude, hurlé sur son père à la main fracturée. Un voisin, n'y tenant plus, est allé toquer à la porte. Le fils bourré a ouvert en disant que son père était en train de mourir. Ni une ni deux, la sollicitude du visiteur a alerté les pompiers et le Samu. Le père, furieux que tout le monde arrive, crie de plus belle. Le voisin tente de les calmer et se prend un coup par le père. Voulant se défendre, c'est le fils qui lui a cogné dessus. La bagarre de voisinage a alors alerté tout l'immeuble, rameuté par les cris des enfants et de la femme qui voyaient son mari se faire rosser par les deux bourrés. Les pompiers ont réussi à séparer les deux outres à pinard, avec la police qui n'était pas de trop.

Le père était dans un état de colère contre tout et le voisin en sang. Les pompiers pansaient le voisin et sa plaie au cuir chevelu pendant que le fils était allongé par terre, menotté, avec deux pompiers et deux policiers le maintenant. Le père s'est alors assis et il a fait un arrêt cardiaque. L'énervement, la colère, l'ivresse, ses deux paquets de clopes par jour, son obésité, son refus des traitements... Les explications sont nombreuses, pour une même conséquence : la mort. Toujours est-il que, malgré tout ce que cet homme représente, tout le monde a tenté de lui sauver la vie... Sauf son fils, qui était tellement ivre qu'il continuait de l'insulter. Le père n'a pas été sauvé. Le fils s'est endormi et a été conduit en cellule de dégrisement, sans comprendre que son père n'était plus. Le voisin n'a pas osé dire que cette fin arrangeait l'immeuble, tellement il était impossible de vivre avec un tel personnage. Tout ce simulacre du foot était comme d'habitude un alibi pour boire et, quelque part, il a eu la fin qu'il voulait : bourré face au foot et en engueulant tout le monde, et donc lui-même.

Partir, c'est mourir un peu…

6 août 2014

Bernard Maris vantait le prestige de la France dans son dernier livre. C'est une évidence lorsque vous regardez les systèmes de santé à l'étranger. Nous avons beaucoup de chance malgré la crise et tous les soucis que l'on connaît. Oncle B avait raison: « la France est un sacré beau pays ».

C'est l'histoire d'une haine entre un homme et un concept virtuel: l'État. Il l'a toujours refusé et, surtout, il ne supporte pas les impôts. Oh, il n'est pas une star de télé qui se serait servie grassement dans les caisses publiques pour partir en Belgique, ni une star de cinéma qui ferait ami-ami et bisous à un dirigeant russe ou à un trafiquant d'armes, de drogue et d'êtres humains… Non, il est monsieur-tout-le-monde, néolibéral, le teigneux qui n'aime personne et critique tout, tout le temps, contre tout, droite comme gauche, peut-être même contre lui-même, à bien y réfléchir… Profitant des avantages sociaux, qu'il n'a pas rejetés, il a pris une préretraite après la liquidation de sa boîte, regrettant sans doute que l'État ne soit pas intervenu, mais il n'est pas à une contradiction près. Il y a cinq ans, à 62 ans et en pleine forme, il est parti vivre en Côte d'Ivoire, loin de tout, en pleine nature, sans doute dans un esprit néocolonial ou d'une nouvelle adolescence à découvrir. Se coupant de toute sa famille, avec laquelle il s'était disputé, et de ses amis... s'il en avait. Un jour, au milieu de cette brousse, perdu dans la nature sauvage, dans sa belle maison, il a eu mal à la tête. Il faut juste dire qu'il avait arrêté tous ses médicaments contre l'hypertension, le diabète, l'arythmie cardiaque... C'est au petit matin que la dame qui lui fait à manger ne l'a pas vu se lever et qu'elle l'a découvert par terre, dans sa chambre. Dans ce pays, le système de secours n'est pas aussi performant et exigeant qu'en France. Ils ont fait comme pour eux : doucement, lentement. Inutile de préciser que les techniques nouvelles et extrêmement performantes pour déboucher les artères du cerveau doivent être mises en œuvre dans l'heure et dès le début des signes... Et pas quinze jours après. Le déficit hémiplégique est alors constitué et le cerveau bien endommagé. Il est arrivé dans une clinique privée aux coûts pharaoniques. Son passeport a fait que les médecins ont alerté l'ambassade de France. Comme chaque fois, la France n'abandonne pas les Français. Jamais. Alors, lui qui vilipendait les fonctionnaires, ce sont eux qui ont pris le temps de venir, de parler aux médecins, de s'apercevoir qu'il n'avait plus personne en France... Enfin, plus exactement, au bout de huit jours, sa famille a répondu qu'il était tellement odieux, qu'il avait tellement piqué d'argent aux uns et aux autres qu'ils ne voulaient plus le voir, ni en entendre parler ou s'en occuper. Mais, bien entendu, et comme tous les Français partis vivre à l'étranger, ils veulent TOUS revenir en France se faire soigner. Mais qui va payer la clinique qui le soigne, fort honorablement au demeurant ? Il n'y a pas de Sécurité sociale, là-bas, et lui n'avait pas pris d'assurance. Avec beaucoup d'efforts à cause de sa paralysie faciale et de ses difficultés à parler, il a confirmé qu'il voulait retourner en France. Mais où ? Alors le dossier a transité par le Quai d'Orsay, où les fonctionnaires qu'il haïssait ont cherché une solution. Comme il a quelques centaines de milliers d'euros sur des placements, il a accepté d'aller dans une maison de retraite en Seine-Saint-Denis, département où il est né. Le rapatriement a été organisé par le service public, mais la note réglée sur ses économies, ce qui n'est parfois pas le cas. Non seulement certains partent à travers le monde sans assurances, mais ils rêvent que l'État règle toutes leurs ardoises ! À part deux sacs, tout le reste est resté dans sa maison perdue au milieu d'une contrée sauvage où il ne reviendra jamais. Comme vous l'avez sans doute remarqué, l'eldorado du retraité est de partir à l'étranger pour faire des économies... Sans doute pour être le plus riche du cimetière. Mais, dans ces pays, la santé publique n'est pas celle de la France. Lui, il rêvait d'Afrique. Il y est resté peu de temps et va finir dans une maison de retraite, en bordure d'un grand fleuve sauvage en Île-de-France : une autoroute.

Un enfant est mort

13 août 2014

Vous me direz que de cadavres en ce moment dans mon existence et mes textes ! Certes, mais si vous regardez bien autour de vous, c'est hélas un peu pareil ! Honoré me demandait toujours comment j'arrivais à tenir. Je ne savais quoi lui répondre et je ne le sais pas davantage : les amis, l'amour, la musique, la culture, le travail… et beaucoup d'alcool, comme disait Charb !

Un enfant est mort. Certes, c'est la période des vacances, avec des médias qui font du repassage d'émissions et traitent l'info avec oisiveté, avec chaque année les mêmes clichés, le même rythme plus régulier que les saisons. La nature, elle, offre plus de surprises que les chaînes d'infos aux présentateurs clonés et aux discours stéréotypés. La nature, elle, varie tout le temps, elle suit la météo. Les médias suivent l'argent, sans aucune créativité. Les gourous des médias sont en vacances, donc il ne se passe plus rien en France ni dans le monde. On nous fait croire que ce sont les vacances, mais seuls 41 % des Français y vont, alors vous repasserez pour dire que les Français se la dorent sur des plages. Ce sont les gens riches ou ceux qui se sacrifient pour aller se changer les idées qui partent. Il n'y a jamais eu autant de chômeurs et de pauvres. La crise sociale est là, et il n'y a que les médias pour croire qu'il y a une parenthèse de vacances, que la guerre n'est pas à nos portes, que les enfants meurent ailleurs. Sans oublier une intelligentsia qui ne se préoccupe que de ses petits intérêts et se croit drôle en se moquant d'un président, capitaine d'un navire vacillant, qui fait ce qu'il peut dans un pays aux élites vaniteuses, égoïstes, prétentieuses et cupides. Dimanche dernier, un enfant est mort en Seine-Saint-Denis. Zakari avait 10 ans, il aimait aller à l'école, jouer, vivre avec sa maman, malienne, qui s'occupait fort bien de lui. Elle faisait confiance aux services publics, cette confiance qui est le prénom du mot Nation, avec la bienveillance comme socle d'une société humaine, ce qui la différencie des régimes totalitaires. Mais la crise est là ! La France voit ses valeurs emportées par les économies drastiques et phénoménales, dans une morosité palpable dans les rues et dans la chair des gens : les suicides augmentent, la désespérance aussi...

Pourquoi cet enfant est mort ? Sa mère l'a d'abord conduit chez des docteurs, mais il n'allait pas mieux, alors, dans la nuit, elle a appelé les secours. Quiproquo ou pas : personne n'est allé chercher l'enfant. Dans ce quartier dit difficile, où la violence est aux coins des rues et où les dealers sont les premiers employeurs du quartier, cette mère est sortie pour demander de l'aide. Depuis des années, les économistes disent aux pompiers, au Samu, aux hôpitaux de limiter les sorties, de faire des économies, en accusant le peuple d'exagérer. Un enfant est mort et on accuse les secours et pas les économistes cachés dans leurs coffres-forts. Alors cette mère vaillante, sans vaciller, l'a emmené aux urgences de l'hôpital de La Fontaine grâce à un taxi qui passait par là. Arrivé à 5 heures, l'enfant est mort vers 8 h 30, avec son diagnostic établi ! Le directeur de l'hôpital a déclaré que tout avait été fait comme il fallait. Un enfant meurt, mais tout va bien ? Non ! C'est le K-O total de l'accès aux soins. Comme d'habitude, les médias vont au plus pressé pour que ça tienne en dix secondes : les secours n'y sont pas allés, point. Alors que c'est toute la chaîne de soins qu'il faut analyser, comprendre. Comme dans les grandes catastrophes, en médecine d'urgence, c'est une somme de dysfonctionnements qui fait que l'horreur arrive. La mère a perdu son enfant et les médecins, les personnels, un malade, sont abattus de tristesse. C'est le même deuil effroyable, pesant au-delà du poids de la justice qui s'en mêle. Ce sont les années Chirac et Sarkozy, dix-sept ans de présidents néolibéraux qui ont voulu faire entrer l'économie de santé dans le crâne des soignants, les fermetures de lits, l'hôpital entreprise, la tarification à l'activité... Et un enfant est mort. Bien sûr que l'économie compte, mais de là à ne plus servir que les banquiers et oublier les malades... Un enfant est mort et les médias tartignoles, sans enquête, l'ont déjà bien oublié. Nous sommes dans la catastrophe sociale.

Connerie sans fleurs ni couronnes

20 août 2014

Charb avait eu peur, lorsque j'ai écrit ce texte, que je sois encore attaqué par quelques connards de journalistes ou des médecins. Pas du tout ! Regarder en face les narcissiques pervers, les harceleurs, les paranoïaques... c'est jamais facile, mais il faut se défendre.

Par confraternité, et aussi par nécessité de se dire que Martin Luther King avait raison lorsqu'il affirmait que « la haine trouble la vie, l'amour la rend harmonieuse. La haine obscurcit la vie, l'amour la rend lumineuse », je supporte un nombre de médecins antipathiques et vaniteux à un point que vous n'imaginez pas. L'enseignement de la médecine est une fabrique à névroses qui favorise le développement des cons. Certes, ça ne se fait pas de dire du mal du métier, mais quand même, je le dis sans haine et avec élégance, comme le voulait Martin Luther King. Lui, c'est un de mes confrères, un con avec constance, convivialité perverse, toujours prêt à conspirer contre les confrères, les malades et les familles, d'un conservatisme ringard avec son nœud papillon ridicule, consternant dans ses arguments, jamais constructif, satisfait uniquement après avoir fait une belle selle, ce qui est rare chez un constipé, contestant toujours les jeunes étudiants en médecine, n'assurant que des consultations privées qui entraînent souvent des contentieux financiers... Il n'est content que de ses propres contraintes, qui ne sauraient contrarier son cerveau en conserve, il se vante de ne jamais tenir ses concubinages plus de quelques semaines, et il jouit de ses perversions... Bref, un médecin et un vrai con, qui adore garer son 4 × 4 aux vitres teintées au milieu de l'hôpital, afin que son narcissisme se mire dans les chromes.

Médicalement, il est faussement gentil par-devant et vraiment odieux par-derrière. Il se délecte d'annoncer les mauvaises nouvelles. Est-il compétent dans sa spécialité ? Certains disent qu'il est un beau parleur mais qu'ils ne l'ont jamais vu faire un bon diagnostic, ni se passionner pour un cas, sauf devant les représentants des laboratoires, auprès desquels il est toujours assidu afin de quémander un voyage pour un congrès et visiter des pays tous frais payés. À l'instar de tous les nouveaux beaufs, il ne parle aux autres que par mail, comme pour ne pas se salir les mains. Il n'en a pas d'ailleurs, ce sont des pinces qui permettent à son avarice de ne jamais rien payer. Il prend toujours des photos comme un mauvais flic, afin d'avoir des preuves pour d'hypothétiques procédures. Il n'a jamais de doutes, et n'a qu'une seule certitude médicale : il y a des complots, allant de l'amiante au sida, en passant par les médecins juifs et francs-maçons... Pour résumer, à part lui et sa réinterprétation de la médecine, rien ne compte. Il est le seul à ne pas croire aux avancées technologiques comme l'IRM. Enfin, son ego est surdimensionné en fin de journée, vers 14 heures, par sa bouteille de whisky journalière. Il n'aime pas les syndicats, sauf celui où il milite pour sa gueule. Il a compris tous les méandres du système statutaire des médecins hospitaliers pour en abuser, se faire payer double ses présences, tricher sur ses absences, s'auto attribuer des missions qui ne servent à rien... Les rares remarques que la hiérarchie ou la direction lui ont faites ne sont pas allées bien loin, car son ombre, sa paranoïa, menace tout le monde de procès forcément retentissants. Son pot de départ ne lui coûtera que son propre verre d'eau du robinet pour être à la hauteur de ses goûts ! Il me hait, et c'est plus que réciproque. Il a annoncé qu'il avait un cancer effroyable. Quel talent il a eu de s'appliquer sa propre incompétence pour sa santé. À ce stade, c'est de la franchise avec lui-même.

Les pompiers et les urgences sont un sujet politique

27 août 2014

Cette chronique a été faite alors que, fin août 2014, avec la Fédération nationale des pompiers, nous avions travaillé à une meilleure coopération entre les urgences, le Samu et les pompiers. C'est ce travail qui m'a sauvé la vie, car le 7 janvier 2015 une ultime réunion concluait ces travaux. La réunion de ce jour-là avait été annulée par le ministère, mais j'avais insisté pour la maintenir. Ne cherchez pas, ce n'est que le hasard, mais cette coopération entre les pompiers et les urgences m'a sauvé.

En 2009, les ministres de la Santé et de l'Intérieur, et leurs administrations, voulaient améliorer les relations entre les Samu et les pompiers. Les raisons étaient que beaucoup de Samu ne souhaitaient pas travailler avec les pompiers et vice versa. Pour résumer : c'était à celui qui avait la plus grosse et pissait le plus loin. Il a fallu deux ans de travail pour mettre d'accord les administrations, les urgentistes et les pompiers, et établir un référentiel qui devait changer et améliorer les choses. Patatras, un très bon rapport vient de sortir et fait le bilan : cinq ans après, il montre combien le système n'a pas changé et a vu ses dysfonctionnements s'aggraver. Ce qui est frappant, c'est la fracture entre les professionnels de terrain, urgentistes hospitaliers et pompiers, et les hautes administrations. La gauche est arrivée avec une proposition qui a fait rire tous les professionnels : toute personne doit être à trente minutes des secours. Ce qui est déjà le cas avec les pompiers. Mais les lobbies se sont mis en place : des ambulanciers privés, soutenus par des urgentistes hospitaliers de droite, veulent privatiser le prompt secours, qui fait partie des missions régaliennes de l'État. Avec les restrictions budgétaires, les conseils généraux, qui payent les pompiers, cherchent à faire des économies. Comme les budgets des hôpitaux sont aussi étranglés, c'est toute l'architecture des urgences en France qui tangue. Le seul moyen pour les technocrates d'économiser est de diminuer la demande : d'où le discours sur « les gens qui n'ont rien à faire aux urgences ». Mais comment faire en pleine catastrophe sociale, avec 22 millions d'appels au secours en France et 18 millions de passages aux urgences ? 70 % des interventions des pompiers sont du secours à la personne… Pourtant, les drames augmentent, comme cet enfant de 10 ans qui est décédé, et des médias qui ont accusé les secours. Progressivement, nous glissons, et ce sont les professionnels de terrain qui sont accusés. La foule veut du sang et des responsables, alors que c'est la finance et la dette qui nous tuent.

Une suggestion du rapport est de diminuer les interventions. Mais en médecine d'urgence, on ne sait si c'est grave qu'après l'intervention, et tout retard fait perdre des chances, comme dans le diagnostic des cancers… D'ailleurs, le tout-économie est le cancer de la France d'aujourd'hui et il assassine les valeurs du pays ! Le plus bel exemple est la gabegie des finances publiques avec les hélicoptères de secours. Des responsables de Samu ne veulent pas utiliser les hélicoptères de la Sécurité civile, et donc le ministère de la Santé s'apprête à louer une fortune des hélicoptères à quatre sociétés privées d'hélicos sanitaires. Pour la crise d'Ebola, la réserve sanitaire (EPRUS, Établissement de préparation et de réponse aux urgences sanitaires), inventée par la droite et totalement redondante avec les autres systèmes sanitaires, a acheté deux caissons de transport à 100 000 euros alors que les pompiers et les Samu en ont ! Portez des casques, car tout se passe comme s'il existait une guerre civile et administrative en France. À côté de ça, il est demandé aux secours de ne pas aller voir les personnes qui souffrent de douleur médicale ou psychologique… C'est très grave, car, à diminuer les niveaux de sécurité, on entre dans des zones de danger. En médecine d'urgence, le risque, c'est le quotidien. Il est urgent d'inventer un système moderne avec les pompiers et les urgentistes hospitaliers, mais sûrement pas de diminuer le secours aux gens en détresse. Tout le monde semble oublier que nous sommes dans le même pays et pas en guerre civile. Pas encore…

Mon pote François

10 septembre 2014

J'avais écrit ce texte en réaction à toutes les attaques contre le président et surtout l'homme ! La gestion des attentats a été parfaite, si c'est possible d'ailleurs. La neutralisation des terroristes en France comme à l'étranger est une nécessité pour éviter d'autres massacres. Le président a été d'une grande humanité avec toutes les victimes. Je ne sais pas comment celles et ceux qui le critiquent auraient fait pour gérer cette guerre.

Mes amis, je ne les abandonne jamais, même dans les tempêtes ou les engueulades. Desnos, Ferré et tant d'autres nous apprennent qu'on ne doit jamais abandonner un camarade. Alors voilà, j'ai un pote que je vois rarement, mais qui a bien réussi dans la vie. François a élevé dignement ses enfants, n'a jamais volé ni tué et a travaillé dans la politique et à gauche. La première fois que je l'ai rencontré, en 1998, je venais de lancer le syndicat des urgentistes et il était le premier secrétaire du parti socialiste. Nous avions vu tous les partis, mais lui, il nous est apparu comme un homme intelligent et attentif à tous nos problèmes hospitaliers. Par la suite, je l'ai croisé dans des débats, moi, simple médecin hospitalier pas riche ni professeur, défendant le service public. Chaque fois il demandait comment allait l'hôpital, se souciait de l'accès aux soins, de faire des propositions pour mieux aider les malades, les vieux, les SDF... À aucun moment il n'avait de mots méprisants, avec quelques traits d'humour mais sans vulgarité ni méchanceté. En septembre 2003, avec la canicule je me suis senti un peu comme le surfeur au milieu d'un banc de requins blancs affamés, avec contre moi un gouvernement néolibéral, un président qui avait disparu tout l'été et toute une hiérarchie hospitalière qui aurait bien voulu faire mon autopsie avant ma mort. François a tenu à venir aux urgences de l'hôpital Saint-Antoine avec un staff socialiste. Certes un coup de communication, mais il aurait pu ne pas le faire. Il a passé des heures avec le personnel, les infirmières, les aides-soignants, les assistantes sociales... Avec son air jovial et attentionné, il a eu les mots pour encourager les équipes. Bien entendu, l'hôpital a refusé l'entrée aux journalistes, alors nous sommes allés faire une conférence de presse improvisée dans un café à côté avec une synthèse parfaite !

Dans tous les débats où je l'ai croisé, jamais personne, de toutes les associations d'aide aux pauvres, des organisations sociales... n'a rapporté un quelconque mépris envers les pauvres, les faibles, les miséreux. Je n'ai jamais vu le sale type que certains décrivent. Martin Hirsch, ancien président d'Emmaüs, l'assure aussi dans un entretien dans *Libération* du 6 septembre. En mai 2011, le comité de gauche de Tulle m'avait invité à un débat public sur la santé. Il est arrivé dans une petite voiture avec un sourire aussi large que des feux antibrouillard, connaissant tout le monde et chaleureux à souhait. Il a introduit le débat en m'envoyant quelques vannes bien faites et très chaleureuses, toujours avec une synthèse rigoureuse des problèmes de santé. Il n'a pu rester car il allait distribuer des tablettes numériques aux enfants des écoles du canton. Plus tard, il est revenu pour dîner dans un restaurant local bien modeste, à la cuisine familiale, avec des représentants de toute la gauche. Il n'avait pas pris encore la décision de se présenter à l'élection présidentielle, il parlait du programme socialiste. À aucun moment il ne m'est apparu haïr les pauvres. Il est devenu le président Hollande, et j'aurais espéré une autre politique de gauche, mais si tout était sa faute, ça serait si simple ! Quant à ses histoires amoureuses, je m'en fiche, c'est sa vie privée. Mais je ne lâche pas un pote humilié, même président avec seulement 13 % de popularité, une crise économique et politique monstre, et s'il n'en reste qu'un...

L'informatique médicale ou le mirage

17 septembre 2014

J'entends encore Wolinski parler de l'informatique. Que c'était drôle ! Il n'avait pas assez de mots vulgaires pour qualifier l'informatique. « Je suis bien d'accord avec le toubib », s'amusait-il à dire en me tapant dans le dos, le sourire fixé sur son beau visage.

« Attendez un instant avant de me parler, je me reconnecte. Argh, désolé, j'ai pas votre dossier ! » C'est le genre de phrases que vous entendez régulièrement de la part des personnels qui cherchent désespérément à faire fonctionner les logiciels médicaux. L'informatique médicale s'est implantée dans les établissements de santé de manière foudroyante... en trente ans. Et depuis, le regard des personnels a quitté celui des malades ou des collègues pour regarder des écrans. Vous attendez que le bidule se connecte en n'y comprenant rien ! Combien de temps attendons-nous comme au feu rouge et de temps perdu au lieu d'examiner les malades ? Des logiciels pour les Samu ont été créés et sur quatre écrans, mais la place pour écrire l'analyse du médecin est sur un petit rectangle de 7 centimètres sur 4 : on en devient malvoyant ! Pire, récemment, des confrères ont découvert que les logiciels d'enregistrement aux urgences ont comme items obligatoires : origine, nationalité et liens de parenté ! La vie privée et le secret médical sont alors bien exploités par des statisticiens ou des politiques aux idées

ÇA VA PAS, DOCTEUR...
UNE SECONDE, JE CHERCHE VOTRE DOSSIER...
UNE SECONDE...
OH, ET PUIS MERDE!
CH.

effroyables. Mais ce n'est pas terminé : le plus grand serpent économique inventé en France est le dossier médical partagé ou personnel. L'idée était d'avoir votre dossier médical sur votre carte Vitale. Des millions d'euros, grâce à des agences d'informatique médicale, qui engloutissent des millions d'euros dans des systèmes qui… ne fonctionnent pas ! Mais l'État continue… il continue car, lorsque vous discutez avec ces médecins devenus informaticiens, certains vous prennent pour des cons. L'informaticien médical reste bien dans ce dogme : qui a le savoir a le pouvoir ! Mais il y a encore plus sournois. Depuis des années, les médecins doivent coder. Certains passent plus du tiers de leur temps à trouver des codes tels des hiéroglyphes modernes pour se dire ce qu'ils ont fait. C'est comme ça, l'hôpital moderne : on regarde des écrans, on tente de faire marcher des logiciels qui ne fonctionnent pas, on entend les médecins de ville qui hurlent contre les systèmes informatiques défectueux, et le médecin décode plein pot ce qu'il a fait pour coder afin de créer une facture ! La fameuse tarification à l'activité est là et finalement faite par le médecin. Quelle belle idée ; dix années d'études médicales, de vies à sauver, des souffrances à écouter, et tout ça pour faire caissière ! Mais il y a plus drôle, à l'heure où la France et l'Europe ne peuvent que constater leur absence sur les moteurs de recherche comme Google ou la création de réseaux sociaux : voilà qu'arrivent des sites pour faire vous-même votre dossier médical. Mieux encore, tous les médecins ont des smartphones et font eux-mêmes leur télémédecine, vu que le matériel qui est acheté par les hôpitaux est généralement fonctionnel ou toujours en panne. Bref, vous voulez voir votre médecin : écrivez-lui sur Facebook, regardez-le par Skype… mais surtout ne cherchez pas combien la gabegie financière a coûté aux hôpitaux, mais à qui a profité cet échec informatique médical.

Soyez débranché : mourez par SMS

24 septembre 2014

« Je ne comprends pas ces merdes. » J'adorais entendre Honoré parler des téléphones portables. Il avait une intelligence et expliquait bien cette fuite en avant et sans issue à croire que nous serions plus heureux avec ces nouvelles technologies. « Et surtout, ça coûte très cher », aimait-il à dire avec cette grâce qui le caractérisait.

La rue s'est arrêtée comme pour laisser jouer une scène dramatique d'un théâtre improvisé. Le craquement des morceaux de plastique sous les bottes, la rue bloquée par les véhicules de secours, un silence lourd entoure les ordres et les phrases des médecins et des pompiers. La nuit est à peine visible avec les lumières des lampadaires, les clignotants orange, le bleu épileptique des gyrophares, les scintillements des vêtements des pompiers, des policiers et du Samu. Tout ce monde travaille pour sauver un homme qui s'est encastré dans une voiture en stationnement. Des témoins racontent qu'il venait de griller un feu rouge et tripotait son téléphone portable d'une main tout en dirigeant son scooter de l'autre. C'est devenu une pratique courante : conduire le scooter de manière nonchalante, une main sur le smartphone et l'autre sur le guidon, les jambes tendues ne reposant pas sur les cale-pieds, un casque en bol, branché, et une tenue à la mode. Lui, il ne voit plus rien tellement son état est grave, mais la musique du smartphone continue à fonctionner : on ne dira jamais assez la qualité de ces nouvelles technologies, qui fonctionnent lorsqu'elles devraient la fermer ! Lui, il n'entend rien car le casque n'était pas attaché et sa tête n'a pas été protégée, sa boîte crânienne est bosselée, irrégulière et sanguinolente. La chute n'a pas été spectaculaire, et pourtant son état s'aggrave de minute en minute. Il paraît qu'il a accéléré en regardant son téléphone portable et il est rentré dans la voiture comme un faire-part de décès dans une boîte aux lettres. Il s'est enfoncé dans la carrosserie comme d'autres tombent dans l'eau. Il a laissé sa jambe droite coincée entre le scooter et le pare-chocs. Difficile de ne pas mettre les pieds dans la flaque de sang. Sa jambe semble lourde dans le sac plastique. Comme il n'avait pas de tenue, son thorax s'est enfoncé comme un insecte sur le verre du pare-brise. En moins de dix minutes, tout le monde tentait de le sauver et de faire que ses 19 ans ne scellent pas sa date d'enterrement. En quelques minutes, ce coin de rue est devenu l'une des salles de réanimation les plus sophistiquées de la capitale. Mais dès qu'il fut dégagé, son cœur s'est arrêté. Mais son portable annonçait encore des SMS... L'humour noir 2.0 ! Malgré de longues minutes de réanimation et une évacuation ultrarapide directement dans un bloc opératoire, il s'en est allé dans le iCloud. Le portable est aussi une lobotomisation. Loin de moi l'idée d'être contre le progrès, car les portables ont sauvé plus d'une vie. Le problème est que nous sommes devenus hypnotisés par les réseaux sociaux et les smartphones, comme si un troisième hémisphère au cerveau s'était imposé à nous. Une étude largement relayée par la presse, réalisée par l'université de Strasbourg avec la fondation Vinci, a montré qu'un conducteur qui téléphone au volant perd 30 % de son attention ! 40 % inventent des événements, leur activité visuelle est divisée par deux, le freinage s'allonge de 33 %, et toutes les réactions sont ralenties. Et tout cela aussi bien avec le portable à l'oreille qu'avec un kit mains libres. Alors, qu'en est-il pour les deux-roues ? Au moins la même chose, que ce soit à scooter, à moto ou à vélo, avec un élément de plus : l'équilibre. La question est de savoir comment évolue la dynamique d'un équilibriste qui envoie des SMS ou papote avec sa maîtresse en conduisant son deux-roues. Ajoutez à cet objet de distraction un peu d'alcool, un peu de cannabis, une dose de fatigue ou de colère et… direction les urgences ou la morgue. Comme le montrait un article récent du *New York Times*, les grands et les riches de ce monde mettent leurs enfants dans des écoles sans informatique avant l'âge de 10 ans. Il va falloir réfléchir à ces technologies et s'en servir avec intelligence avant qu'elles nous conduisent au cimetière aussi rapidement qu'un SMS.

De sa liberté à sa prison

1er octobre 2014

L'épidémie d'obésité continue. Les structures de transports achètent désormais des ambulances pour pouvoir transporter ces malades. Les conséquences dans les années à venir de cette épidémie ne font que commencer, et c'est un problème de santé publique !

Ah, nous voilà bien dans ce petit appartement d'un sixième étage, sous les toits en zinc, d'un vieux quartier de Paris, avec un gros monsieur, un énorme monsieur, un monsieur plus gros que le mot le plus... gigantesque ! Ce sont les étudiants du dessous qui ont alerté les secours, car il cognait avec un balai sur le mur. Son état est une encyclopédie de médecine... Il serait plus facile de dire ce qu'il n'a pas comme maladie. Il est échoué sur un matelas à même le sol, dont il ne peut plus se lever depuis des jours, faisant sous lui, mangeant ce qu'il peut et buvant des bouteilles d'eau. L'appartement, de quelques mètres carrés, est envahi de papiers, de boîtes de mauvaise bouffe, de paquets de médicaments non utilisés. Il doit peser au moins 180 kilos ! Il semble incarcéré dans son appartement comme d'autres sont en prison. Il est une somme de misères de ce début de siècle : solitude, abandon social, maladies, précarité financière et dépression qui aggrave tout. Comment il en est arrivé là est impossible à analyser : il a grossi doucement, comme si toutes les calories entraient en lui et n'étaient jamais brûlées. À 45 ans, il en paraît le double, car les maladies sont tombées sur lui comme des vautours sur une proie facile. Les maladies endocriniennes ont perturbé tout son équilibre. C'est alors que les arrêts de travail se sont succédé, car il faisait des ménages et ne pouvait plus se déplacer. Puis tous les appareils ont défailli, du cœur aux poumons et jusqu'au système digestif. S'enfermer à titre personnel. Il y a des années, il a eu un suivi médical à l'hôpital, mais le service a fermé, tout est devenu plus compliqué, son médecin traitant a pris sa retraite. Alors il appelait des médecins de nuit, jamais les mêmes, qui renouvelaient des ordonnances ou lui demandaient d'aller à l'hôpital, mais il refusait tout le temps. Une fois, il a quand même accepté d'aller aux urgences, mais il a fallu quatre hommes pour l'aider à descendre les escaliers et, aux urgences, il a attendu une journée pour rien, car il n'y avait pas de place, alors il s'est fâché et il est reparti chez lui on ne sait pas comment... L'autre angle aurait été d'obtenir des prises en charge psychiatrique et somatique conjointes, mais cela ne peut se faire qu'en milieu hospitalier, et il n'en voulait pas. De plus, les structures pour accueillir ces malades multipathologiques et aux intrications médico-psycho-sociales sont très rares aujourd'hui, alors qu'elles étaient présentes dans tous les hôpitaux avant que l'économie emporte tout. Lui, il a payé la note de tout ça. La concierge a commencé depuis un mois à lui monter sa pitance comme s'il était en prison. Un mois qu'il a renoncé à descendre les treize marches qui séparent les étages : il mettait presque trois heures pour descendre, et remonter était impossible. Il ne rentre pas dans le petit ascenseur, qui a en plus réduit la taille des escaliers, où il ne peut plus passer. La copropriété l'a comme emmuré. Son état nécessite de l'évacuer. Cette fois, ça sera par la fenêtre, avec un bras élévateur que les pompiers ont dressé. Une vingtaine de sapeurs pour l'emballer sur la nacelle. Sur la feuille de transmission, nous avons bien marqué l'impossibilité de le faire revenir dans sa geôle. L'hôpital va donc devoir le garder longtemps afin de lui trouver un hébergement, des aides, le soigner, tenter de lui faire retrouver goût à la vie. Ces malades ont une dénomination désormais dans les hôpitaux : les malades bloquant... un lit ! Mais lui, que dit-il ? Pas grand-chose en dehors de « C'est mon choix, c'est comme ça ». Il n'est ni d'accord ni en opposition. Il se laisse faire avec une placidité déconcertante. En prenant un sac pour y mettre quelques affaires, nous lui demandons ce qu'il veut : les photos de ses parents disparus, un mystérieux cahier et une petite radio. C'est tout. Il s'est comme envolé par la fenêtre, tels les oiseaux qui ne reviennent jamais.

Nous sommes dans le mur

8 octobre 2014

Ces descriptions de ces accidents ne servent qu'à une chose : convaincre peut-être une ou deux personnes, de faire attention. C'est déjà pas mal, nous sommes à une époque de modestie dans les buts à atteindre !

L'arrivée sur les lieux d'accidents est toujours angoissante pour les équipes.

Que va-t-on trouver ? Comment va-t-on soulager, sauver ? Mais depuis quelque temps l'angoisse des attentats est bien présente. Un peu comme *Le Désert des Tartares*, de Dino Buzzati, écrit en 1940... Ils attendaient l'ennemi, nous l'attendons dans une guerre qui a commencé. Alors, cette nuit-là, l'alerte est générale, car sur le périphérique des motards sont à terre avec une cinétique violente. L'exercice de la médecine, c'est écouter des histoires, remonter le temps pour adoucir le présent et tenter d'améliorer le futur des blessés. Les professionnels de la santé sont des conteurs. Sur place, toutes les voies sont bloquées par la police. La nuit n'est plus noire, mais jaune orangé par les réverbères, le bleu des voitures de secours, les phares blancs des voitures, et le silence est presque angoissant à cet endroit où, d'habitude, le son lourd des voitures n'est qu'un seul grondement de machine. Plus loin, une bâche à cadavre recouvre un corps déchiqueté par le choc contre le pilier du pont. Un collègue est allé voir et revient en disant : « C'est pas beau à voir. » Lorsqu'un urgentiste, un pompier ou un flic déclare ce genre de chose, c'est que c'est vraiment horrible. Sur 100 mètres, il y a des morceaux de la tête, des membres du cadavre. Qui était-il ? On ne sait pas. Il a grillé un feu et les motards de la police l'ont pris en chasse avec prudence. Depuis la mort de deux policiers sur le périphérique, il y a deux ans, ils font très attention. Il roulait entre 150 et 200 kilomètres-heure. Pourquoi ? Impossible de savoir. Comment ? Une colère, un énervement narcissique qui l'a poussé à vouloir jouer aux chevaliers qui fuient les gardes ? Personne ne sait. Les policiers ont eu très peur, et l'un d'eux est tombé et a glissé en voulant éviter les débris. La France a peur de tout et d'elle-même. Tout le monde garde le silence, il y a une sorte de recueillement, de sentiment de gâchis devant ce drame. Pendant ce temps, une partie de Paris roupille. Nous sommes sur le bord des balustrades en béton où des milliers de personnes passent chaque jour, et nous entendons même un oiseau qui semble nous réclamer du calme et d'éteindre nos gyrophares. Non loin de là, un drôle de type sorti des entrailles de la terre vient voir de loin ce qui se passe. Il vit dans une sorte de hutte en bordure de ce fleuve en béton. Il ressemble à ces personnages de Pagnol dans les villages et demande avec politesse ce qui arrive. Il a une démarche de marin qui n'aurait jamais vu la mer et qui serait toujours sur un bateau, il a le teint bronzé de ceux qui ne voient le soleil que sur le trottoir, que dans les angles des murs en ciment, mais jamais à la plage. Un peu plus loin arrivent les personnels de la voirie, qui, une fois les constatations faites par la police, vont enlever les morceaux de cadavre, les flaques de sang, les débris de la moto devenue une concrétion à la César. Plus loin encore, des policiers cherchent à comprendre. Et, surtout, tout le monde pense à l'attentat. Rien à craindre, ce n'est pas ça, mais depuis la tuerie de Toulouse, celle de Belgique, la guerre qui a commencé, les craintes des politiques… Nous savons que ça risque d'arriver. Sur l'embranchement du périphérique, nous regardons le défilé de tous ces hommes de la fonction publique qui font leur travail avec application et professionnalisme. Nous sommes à des années-lumière des insultes de Sarkozy contre les fonctionnaires. Les policiers blessés sont dirigés vers les hôpitaux, le cadavre emmené à l'institut médico-légal, l'accident est terminé. Il ne restera aucune trace demain matin, et les Parisiens passeront sur cet embranchement sans savoir qu'un homme y est mort.

Mourir de peur plus que d'Ebola

15 octobre 2014

Ce qui est étonnant, c'est que cette épidémie a été combattue lorsque toutes les puissances politiques et économiques ont constaté une déstabilisation politique de la région de l'Afrique tropicale ! Bilan : en une année l'épidémie a été stoppée et probablement un vaccin a été trouvé ! Alors pourquoi ces efforts ne sont pas faits pour d'autres maladies comme le paludisme ?

La France n'a pas peur. Non ! C'est pire que ça : elle aime avoir peur et elle se terrorise toute seule. Je ne vois même pas pourquoi Daech ferait des attentats tellement ce pays est profondément parano, vert de trouille à la moindre pluie qui tombe et se neutralise tout seul ! Phase 1 de la peur. La semaine dernière, quatre Guinéens sans papiers sont arrivés au conseil général du Val-d'Oise et l'un d'eux a dit : « J'ai mal à la tête ! » Rien à voir avec Ebola, mais, comme ils sont noirs et originaires de Guinée, le branle-bas de combat a été déclenché. Isolement du conseil général, et des millions de tweets, Facebook, et des journalistes en continu qui rêvent d'être au cœur d'un des foyers de la fin du monde. Il était impossible qu'il ait Ebola, mais ça fait rien... Tous ceux qui ont foutu le feu resteront en poste dans leurs fonctions qu'ils servent en amateurs... et je suppose que ces sans-papiers n'en auront toujours pas ! C'est alors le début des appels dans les Samu.

« J'ai croisé un Noir, untel a croisé un Noir dans la rue », un autre a entendu dire qu'en touchant des objets dans les lieux publics… les rumeurs partent, avec pour catalyseurs le Net et l'iCloud ! Phase 2. Le lendemain, une journaliste revenue du Liberia a de la fièvre. Elle est alors hospitalisée à Bichat, sous le feu des projecteurs. Et c'est Europe 1 qui l'annonce, mais, au lieu de « suspicion », c'est le mot « probable » qui est lancé. Il faut alors ramer pour vaincre le torrent de fausses informations, de rumeurs et de peurs. C'est alors qu'une école à Boulogne a commencé à prendre la température des écoliers noirs… ridicule ! La France ou la rançon de la peur phase 3. Les images du gros connard qui dans un avion américain a dit : « J'ai Ebola. » Il est alors évacué par des personnels sous protections complètes, tels des cosmonautes avec pesanteur ou des scaphandriers sans eau. Tout est filmé et part dans le monde entier. La peur s'installe à la vitesse de la lumière. Comme si Sarkozy était encore au pouvoir du temps de la grippe en 2009, qui jamais n'est arrivée… Même en disant que les prélèvements sont négatifs et si tous les professionnels sont montés au créneau pour, tous, dire la même chose : aucun risque, les procédures sont actives, onze cas écartés depuis juillet et tout est cadré. Phase 4. Impossible de rediriger un banc de poissons cocaïnomanes et paranoïaques. C'est une règle que je viens d'écrire… À coup sûr, tous les médecins vont penser détenir le cas d'Ebola comme en Espagne ou au Texas, mais qui sont des soignants qui n'ont pu ou pas pu respecter les procédures d'isolement. Donc attendez-vous à entendre parler encore plus d'Ebola, sans évoquer le retard géopolitique et sanitaire de l'Afrique et la nécessité de leur faire abandonner leurs coutumes funéraires, qui favorisent la contamination. Un collègue revenu du terrain de l'épidémie au Liberia me racontait que le confinement des populations par les autorités a permis de découvrir quelques centaines de cadavres que la population avait planqués afin de faire leurs rites avant de les inhumer... et donc de se contaminer. Vous aurez beau envoyer en Afrique des hôpitaux ou des médecins, si les habitudes ancestrales ne changent pas, les gens se contamineront avec les cadavres infectés. Phase 5. Peu de médias en parlent, mais les chercheurs avancent et découvrent des éléments qui laissent penser que le vaccin va être créé rapidement, mais au rythme de la science, c'est-à-dire pas celui des médias...

Pleurer de joie

22 octobre 2014

Ce qui rassemblait les gens de Charlie*, c'était la culture et la nécessité d'avoir des services publics puissants ! C'est pour cela que vous pouviez voir quasiment tous ceux de l'équipe dans les écoles, les facultés et les combats de défense des services publics.*

Les appels d'urgence les plus graves au Samu se font toujours dans des cris et hurlements, en réclamant de « venir vite » mais sans donner ni adresse ni code… Il est impossible d'intervenir. Mais cet appel-là a commencé en disant « Je suis médecin, mon bébé ne respire plus » et nous demandant de venir vite… Nous avons beau être médecins, l'émotion des situations les plus épouvantables nous fracasse comme des mouches sur les pare-brise. C'est un couple de toubibs, dont le bébé est en arrêt cardiaque. L'horrible mort subite des nourrissons. Mais là, ils ne réagissent pas en médecins, mais en père et mère paralysés par l'horreur de la mort dans leur logis. Prenant la mère au téléphone, je lui explique comment faire le massage cardiaque… Je ne connais pas exercice plus compliqué. Pendant ce temps, les équipes foncent sur place. Tout va si vite pour nous qui sommes du bon côté de la force, mais que le temps est long pour eux deux, les secondes lourdes comme du béton. Ils tentent de réanimer leur petit. La mère sanglote au téléphone mais ils s'appliquent aux gestes. Un des véhicules du Samu et celui des pompiers sont bloqués par un camion de livraison, qui s'en fout et insulte les équipes. Ils décident tous de partir en courant dans la rue, les pompiers devant car très entraînés... C'est le moment où je regrette de ne plus faire de sport! Au même moment, le silence se fait pesant dans l'appartement, c'est le son de la mort qui est en train d'entrer. De mes pieds jusqu'au bout de mes cheveux un froid glacial s'installe, avec un pressentiment de danger. Alors on redouble tous de rage pour ce combat. Ne pas se rendre à la fatalité et lutter contre les idées d'échec qui sont si faciles à avoir. Il faut continuer et encourager les parents à se concentrer sur le massage, et pas sur la situation. Ne rien lâcher! Chaque seconde compte. Les collègues continuent leur jogging médical de secours avec les sacs dans la rue... Les pompiers sont largement devant le Samu...

Soudain, j'entends les rangers et bottes des pompiers qui écrasent les marches pour arriver à ce troisième étage, suivis de près par les toubibs, certes beaucoup plus en sueur que les sapeurs. Il est temps de raccrocher et d'aller sur place pour aider les équipes. Les sapeurs ont délicatement écarté le père qui pleurait à gros bouillons et continuait à masser son enfant avec la mère, que la sidération tenait dans un silence effroyable. Tout le monde s'est activé comme les musiciens d'un orchestre qui connaissent la partition et se mettent à jouer pour faire une belle musique. En arrivant sur place, j'ai à peine regardé les flics qui mettaient au livreur plus primitif qu'idiot tout le code de la route en amende. L'appartement est comme quasiment tous les logements d'aujourd'hui : équipé des mêmes meubles des trois grandes marques de meubles démontables, mais il sent bon la famille qui lutte dans cette époque de crise sociale et de morosité. Le silence est lacéré par les bruits des machines, et, soudain, un bip-bip retentit. Le cœur du gamin est reparti ! Tout le monde souffle et sourit. Les deux parents resserrent encore plus leur enlacement dans un coin et pulvérisent le silence par des sanglots de joie. Comment vous décrire le bonheur contenu des équipes rouge et blanche qui ont réussi leur job... Et sans doute celle des contractuelles qui viennent de faire arrêter le livreur pour outrage. Tout est mélangé dans un condensé de quarante minutes pour sauver un petit bonhomme qui doit sa vie à l'organisation des services publics et à ses deux merveilleux parents. Quelques jours après, ils ont quitté l'hôpital avec le gamin, angoissés, fatigués, mais bien heureux et pour très longtemps, j'en suis certain. Ce qui est très rare, ils ont écrit le mot « merci » avec une photo superbement mal prise mais tellement belle de spontanéité. Il ne nous en faut pas plus ! Quant aux livreurs...

Ça n'arrive pas qu'aux autres

29 octobre 2014

Nous parlions souvent de la fin de vie et tous ceux de Charlie *me disaient à chaque fois : « Hé, tu ne me laisseras pas légume ! Tu m'aideras si c'est incurable... » Je ne savais pas que ça finirait en un massacre où, certes, ils ne se sont aperçus de rien. Certaines conversations sont difficiles à évoquer, mais je ne crois pas à la prémonition.*

C'était il y a longtemps, mais c'est présent dans ma mémoire comme si c'était aujourd'hui. La famille est autour du lit dans cette chambre d'hôpital. Ce vieux bâtiment datant du début du XIXe siècle a connu tous les drames et les joies possibles, de tournant de vie ou d'entrée dans la mort. Combien de médecins sont entrés dans ce couloir et ont franchi le pas de cette chambre, tantôt oiseaux de mauvais augure, tantôt sauveurs de la vie. Les hôpitaux sont faits des histoires du quotidien, des conséquences des politiques, des événements... C'est un conglomérat d'histoires qui se croisent et qui marquent les vies, les murs ont tout vu et tout entendu. Ils restent d'un silence de pierre, le plus protecteur du secret médical. La maladie frappe à la porte des êtres et ils découvrent l'importance de la santé et du système de protection sociale. Le moment où l'insouciance se fracasse contre la mortalité : c'est ce qui est arrivé à cet homme.

Dans cette chambre, la famille, entre deux reniflements et des rivières de larmes, remercie sans cesse le personnel et un Dieu pour les soins prodigués à leur parent. Il est dans son lit, dans les draps de l'AP-HP comme tout autre malade, riche ou pauvre, beau ou laid... Il a immigré il y a des années, venant du Mali. Il n'est pas vieux, avec ses 60 ans, et, jusqu'à il y a un an il continuait à travailler dans la voirie, les ramassages d'ordures, le balayage, les poubelles... Il y a six mois, il a eu des douleurs abdominales sourdes, fluctuantes. Des jours avec et des jours sans. Il a beaucoup maigri. Une de ses filles, en cinquième année de médecine, a fini par s'inquiéter et lui a fait faire un scanner abdominal. Les images alors obtenues ressemblaient à ces cartes de champs de bataille. Le cancer du pancréas est redoutable et très compliqué à soigner. La guerre n'est plus déclarée, elle est perdue d'avance, le cancer a tout envahi.

Alors il a réfléchi avec toute la famille et les amis, c'est-à-dire la moitié de la communauté malienne. Après plusieurs discussions avec les oncologues, chirurgiens et son médecin généraliste, il a pris la décision de ne rien faire. C'était son choix, sans passion religieuse, ni sectaire. Pas de traitement, mais une fin apaisée, sereine, en réglant tous les petits soucis avant de fermer les yeux. Les douleurs devenant de plus en plus fortes, une pompe à morphine et des anxiolytiques ont été donnés. Autour du lit, les gens étaient très bien habillés, avec ces grandes robes de couleurs chaudes et des boubous chatoyants, les hommes avec leurs beaux costumes parfaits. L'aréopage s'était transformé en petite chorale douce, comme pour endormir l'enfant. Dans la chambre, par moments, des chants magnifiques, feutrés, aux harmonies complexes, du blues, des chants de negro spirituals, se faisaient entendre. Puis, le soir venu, ils ont demandé si une demi-douzaine d'entre eux pouvaient rester pour le veiller, ce qui fut autorisé. Comment ont-ils senti que c'était les dernières heures ? Peu avant le lever du jour, son cœur s'est arrêté. C'était il y a plus d'une dizaine d'années, mais le passé revient parfois comme un coup de fil. L'autre jour, une consœur a demandé de l'aide pour transporter par Samu un malade grave. Prenant l'appel et déclinant mon nom, elle m'a coupé et elle m'a redemandé... C'était la fille de cet homme dont je me souvenais. Elle avait fini ses études et elle travaillait en cancérologie, à l'Assistance publique. Cette fille de cet agent de la ville immigré continuait un combat pour servir les autres, sans doute en mémoire de son père ! On ne s'est rien dit de plus, car le silence disait tout. Les murs ont raison de garder le silence.

L'arroseur arrosé

5 novembre 2014

Je dois avouer que mon regard a changé depuis les attentats. Je faisais confiance aux journalistes, désormais je sais qu'il y en a des mauvais et des nocifs. J'ai relevé tout le discours de terreur entretenu par certains journalistes ! Les victimes sont moins protégées dans les médias que les criminels.

L'épidémie d'Ebola a réactivé les grandes peurs du peuple de notre pays. « La France est-elle prête pour Ebola ? Les cas avérés sont-ils bien pris en charge ? Y a des morts ? Le virus peut-il prendre le métro, tuer tout le monde et partir en RTT ? Pourquoi les hôpitaux n'ont-ils plus de moyens ? Pensez-vous qu'Ebola a été créé pour contaminer l'Afrique comme le HIV ? » *(sic)* Cherchez la question que les journalistes ne m'ont pas posée... Le niveau du journalisme en France tient en 140 signes et guère plus de neurones. Toujours est-il que le ministère, face à la grande peur, a décidé de faire un exercice le 24 octobre pour tenter de tuer la psychose. Dans les Samu, d'autant plus proches des aéroports, lieux d'arrivée des malades potentiels, les procédures sont établies, les tenues prêtes et les filières de soins sécurisées. Mais bien entendu, des syndicats minoritaires ont trouvé des journalistes pour faire écho au discours de peur : « Les personnels ne sont pas prêts, et comment qu'on fait si y a Ebola qui arrive dans un service ? » On a beau leur dire qu'un malade atteint d'Ebola est dans un état si grave qu'il ne peut se promener et que l'épidémie est en Afrique, rien n'y fait. Pire, les personnels peuvent se former quand ils veulent au port et à l'usage des tenues, mais ils y vont rarement. Enfin, la fameuse « lettre de médecins de l'hôpital Bichat disant qu'ils ne sont pas prêts » n'est jamais arrivée et personne ne connaît le nom de ces toubibs apeurés... Mais tous les médias ont relayé cette rumeur ! La peur fait peur. Donc, l'exercice à l'Assistance publique a été organisé pour montrer aux journalistes la procédure, les moyens, les tenants et aboutissants. Deux jours de travail pour installer et inviter le banc de poissons journalistiques. Environ 70 journalistes de tous les médias, de tous âges sont arrivés. L'aristocratie administrative, les castes de l'ENA et de Sciences Po sont arrivées par la suite avec les directeurs et la ministre. Tout a été montré et expliqué, devant un mur de caméras, de micros, avec les mêmes questions en boucle. Et nous avons répondu en boucle la même vérité. Les pompiers sont aux côtés du Samu pour montrer les moyens déployés et expliquer que, dès qu'un malade est suspect, il est isolé. Et là, une jeune journaliste a une question d'une pertinence rare : « Mais ne trouvez-vous pas que ces tenues font peur ? » Voilà qui mérite le prix Pulitzer, sans aucune discussion ! En effet, les tenues de protection sont impressionnantes. Nous aurions pu essayer des tenues de la Fashion Week, mais ça ne nous protège pas. Il est vrai que les tenues de sécurité font peur, comme celles des pompiers en cas d'incendie, des policiers, des ouvriers des chantiers, des dératiseurs, des travailleurs en contact avec des produits dangereux... Mais elles ne sont pas là pour faire peur, mais pour protéger et sécuriser. L'inversion de la cause et de l'effet est passionnante, dans une gestion de catastrophe et de peur. Ainsi tout serait neutralisé. Pour contrer la peur d'Ebola, les mesures scientifiques ne peuvent être appliquées car elles-mêmes font peur ! Les médias veulent du sang, de la peur et du drame, le tout en 140 signes, mais pas la vérité. L'exercice se termine dans un nuage de flashes, et les cris des journalistes posent les mêmes questions auxquelles nous avons déjà répondu, mais là, il faut que ça tienne en trente secondes. On sent en plus que les journalistes papier sont dépassés par rapport à la jeunesse et à la pseudo-modernité des deux chaînes d'info qui se la pètent grave… À la fin de l'exercice, surprise : tout le monde se connaît, se fait des bisous, entre administration et presse, comme à la fin d'un spectacle. Ils sont tous collègues de travail. C'est alors qu'une journaliste d'une radio de droite lance aux autres : « Tout ça pour ça, c'est nul »…

Des nouvelles du front

12 novembre 2014

Un an après, mon enthousiasme a baissé. Les procédures ne sont jamais arrivées et peu de choses ont changé pour aider les victimes de viols et de violences.

Sans doute grâce à Laurent Ruquier, qui avait relayé un de mes articles dans *Charlie Hebdo* lors de son émission « On n'est pas couché » en 2013, nous avons pu rendre un rapport sur l'amélioration de la prise en charge des femmes victimes de violences et de viols en France. Que d'embûches et d'obstacles pour en arriver là ! Il a fallu que Najat Vallaud-Belkacem fasse des annonces il y a un an, lors de la journée contre les violences faites aux femmes, le 27 novembre 2013. Nous devions expérimenter à Paris une filière de soins avec l'accord de tout le monde, sauf de la police judiciaire. La raison invoquée était qu'ils auraient eu trop de travail ! C'est alors que Marie Fontanel, directrice de l'agence régionale de santé d'Alsace, le Dr Annie Soussy, chef de l'unité de médecine légale de Créteil, deux femmes exceptionnelles, et moi-même avons été chargés de faire un rapport. C'est vrai que, lorsque nous nous sommes retrouvés tous les trois, nous avons eu beaucoup de doutes. Mais, devant les chefs de cabinet forcément énarques et issus de Sciences Po, qui nous ont garanti que les ministres agiraient, nous avons décidé de le faire, avec un objectif : on ne demandera pas de moyens supplémentaires, afin d'avoir une amélioration rapide pour les victimes de viols et maltraitances. Pari tenu ! Et Marisol Touraine a bien voulu que nous lui remettions ce rapport le 5 novembre.

Soutenu par tous les personnels de l'administration, des pompiers, des urgentistes, des associations de victimes, de la Mission interministérielle pour la protection des femmes... Nous ne sommes pas peu fiers de ce travail. Aucun moyen supplémentaire nécessaire, juste des simplifications de la prise en charge, des rencontres police-justice-santé et associations de victimes sur le terrain, et un processus de questions systématiques lorsqu'une victime arrive aux urgences. Certes, il faudrait que la police vienne porter des réquisitions aux urgences et que des kits de prélèvement se trouvent dans tous les services d'urgences et véhicules de Samu, afin que, dès les premiers instants, il n'y ait pas de perte de preuves et que la victime soit aidée, qu'elle entre dans un parcours de soins parallèle à celui de la justice. La liberté et la volonté de réformer. Mais voilà, l'obstacle est que les ministères ne se parlent pas en France... La justice est dans sa cour, la police dans son box et l'hôpital dans la salle d'attente de la santé. Ce ne sont pas les professionnels ni le peuple qui refusent les réformes : c'est un système administratif et politique qui ne veut pas se réformer. Ajouter que les énarques ne considèrent que les énarques, que chaque grande école est dans une guerre de chapelle contre l'autre, et que toutes ces tribus ne travaillent que pour l'avenir et les carrières de leurs membres... J'ai le regret de vous dire que ces deux ans de mobilisation se terminent par un rapport qui ira dans le cimetière des idées de gauche. La veille de la remise du rapport, j'ai participé à une réunion avec les représentants des pompiers et des urgences pour avancer sur la réforme et l'amélioration du travail sur le terrain. D'un seul élan, nous avions décidé de nous retrouver avant les réunions officielles, afin d'avancer et d'aller vite. Les gens qui travaillent dans les services d'urgences ont les défauts de leurs qualités : ils sont impatients, veulent aller vite pour tenter de sauver tout le monde. (« Ce qui est impossible est mon désespoir », comme me dit Luz.) Figurez-vous que, contrairement à ce que peuvent dire les médias ou les politiques, nous avons des positions communes, entre les grands services publics de secours : mieux travailler ensemble, économiser beaucoup d'argent par des coopérations, comme sur les hélicoptères sanitaires et de sécurité civile… Mais aussi nous regrouper au sein d'un comité des urgences au niveau départemental, qui deviendra territorial avec la fin des départements. Sur le terrain, tout le monde est pour la fin des départements, qui ne sont qu'un leurre des politiques pour garder leurs avantages ! Lorsque nous sommes arrivés devant les directions administratives, qui n'avaient qu'à se pencher pour ramasser des propositions modernes et améliorer considérablement le travail des professionnels, et donc la prise en charge des victimes, il y a eu des mercis, et le silence.

ON FAIT QUOI, DOCTEUR ?
DOUBLEZ SA DOSE DE LIVRES...
CHARB.

L'art médical a un ambassadeur

19 novembre 2014

Le Dr Casenove est comme un frère. Au moment des attentats, ils ont été nombreux à m'épauler, me soutenir, m'aider, comme le Dr Faggianelli, le Dr Prudhomme, le Dr Marx, le Dr An, le Pr Maury, le Pr Garabedian, le Pr Carli, le Dr Braun, le Dr Fogel, le Dr Orsini, le Dr Michaloux… Il y en a tellement que ça ferait un livre ; que les autres m'excusent de ne pas les citer.

Lorsque j'ai des doutes sur la médecine, je pense à mon bon ami, le médecin, l'humaniste et gentilhomme : Lolo. Sûr qu'il ne paye pas de mine, avec son allure de retour de vacances tous les jours de l'année, mais ce sont sa générosité et sa joie de vivre qui font tout. Comment fait-il pour avoir toujours le sourire, et être si fraternel avec les équipes soignantes et les malades ? Il est l'un des meilleurs toubibs que j'ai rencontrés, comme quoi les facultés de médecine forment de bons médecins. Sa connaissance n'a d'égale que son sens du devoir à l'égard des malades. Sans concessions envers les plus malchanceux, il ne laisse jamais tomber une incertitude de diagnostic. Je l'ai vu ramasser des mourants en tenue de Samu sur les trottoirs et expliquer à une pauvre jeune fille qui venait de sauter de cinq étages que tout allait bien, qu'il allait l'aider, sachant qu'elle allait mourir dans les instants suivants. Il lui a souri et elle aussi, avant de pousser les drogues salvatrices pour l'endormir et lui permettre de ne pas souffrir pendant ses derniers instants. Les équipes le dénomment souvent Dr House, car il a un caractère trempé et intègre dans sa générosité brute de décoffrage. S'il faut faire un examen, une prescription, il y va. Éliminer l'urgence et le risque, c'est son job. Mais tout en responsabilisant les malades. Pas question pour lui de soutenir les grands hypocondriaques, les manipulateurs de médecins, les escrocs envers le système de santé et donc envers eux-mêmes. Il est bourru, mais d'une tendresse infinie, et jamais il ne déroge à l'application stricte de la prise en charge médico-psycho-sociale. Un médecin moderne ne peut s'écarter de la globalité d'une prise en charge, mais en même temps, avec la crise sociale, il ne peut s'écarter non plus de sa fonction première, qui est de soigner sans se laisser déborder. L'exercice est très compliqué, surtout en ce moment, avec les intégristes de tous bords. Lui, il ne se laisse pas faire. À un religieux qui ne voulait pas être examiné, il a répondu : « Eh bien, soit... partez et vous allez mourir dans pas longtemps ! » L'intégriste a aussitôt fait demi-tour et a accepté les examens. Il a un côté Lino Ventura pas content par moments, et ça le rend tellement attendrissant, surtout avec les vieillards.

L'ayant vu plus d'une fois s'attaquer à des médecins vaniteux, fourbes, pervers, je pourrais dire qu'il est un Robin des Bois de la santé. De plus, il n'est pas sectaire, et son respect va à ceux qui font du bon travail, des généralistes aux plus grands spécialistes. Un jour, un fils a amené son père aux urgences dans sa voiture, en arrêt cardiaque. Lolo a couru le secourir. Il a tout tenté pour le sortir de la mort, mais ce n'était pas possible, vu les délais de plus de dix minutes sans massage cardiaque. La faute à son fils, qui avait décidé de l'emmener aux urgences lui-même et n'a pas fait de massage cardiaque pour le sauver. Lolo n'a pas accusé le fils, il lui a expliqué que la maladie l'avait emporté... À quoi ça aurait servi de le rendre coupable ? Lolo a l'humanisme comme ombre. Il éconduit ceux qui veulent des certificats médicaux de complaisance, les abus d'ambulances, les malades qui demandent toujours plus de médicaments ou qui manipulent les médecins. Non, c'est non avec lui ! Comme il est un médecin merveilleux et intelligent, il y a quelques années, son chef de service a tout fait pour le chasser du service public. Il est parti en clinique car il faut continuer. Avec la même détermination, il continue sa tâche et soigne avec rigueur et intelligence tous les malades. Un temps, il a cru avoir trahi ses convictions pour l'intérêt général, mais c'est l'hôpital public qui l'a viré, pas lui qui est parti ! Lolo est le médecin que tout le monde veut, celui qui sait, soigne et rassure. Non, je ne vous donnerai pas son adresse, car il accepterait de recevoir tout le monde et il serait en retard pour aller manger gras et boire du bon vin avec tous nos amis !

PROGRAMME LIBÉRAL :
VIEUX, SUICIDEZ-VOUS !
LA BALLE EST REMBOURSÉE PAR LA SÉCU !
CH.

Les vieux ne se cachent pas pour mourir

26 novembre 2014

La décrépitude du corps était un des sujets de discussion avec Georges Wolinski, mais cela ne l'inquiétait pas plus que cela. Il trouvait de l'intérêt à tout et savait savourer les choses de la vie, des truffes aux bonnes bouteilles. Nous avions un peu parlé de la mort au moment où il avait eu quelques petits soucis de santé. Il ne voulait pas souffrir. Il est venu sans rien dire à une de mes dédicaces. Il m'a alors donné un dessin qu'il venait de faire, avec un grand sourire si beau, si doux. C'était un type dans un cercueil en train d'avoir une fellation par une belle dame et il disait : « Pelloux, je meurs... » !

Pour bien comprendre la solitude de la maladie et du vieillissement que vivent certaines personnes, il faut vous mettre un casque sur les oreilles pour ne plus entendre, des grosses lunettes fumées pour moins voir, casser votre portable pour être isolé et ne plus avoir de sollicitations. Puis vous allez devant une glace, vous regardez votre corps, votre visage, et vous imaginez vos chairs flasques, les articulations douloureuses, les sillons du temps creusés sur votre visage... Ajoutez la solitude à venir que vous sentez poindre de jour en jour, les enfants, s'il y en a, qui s'en sont allés, les amis morts ou éloignés... Les familles modernes sont recomposées et n'ont plus rien à voir avec les familles du siècle passé. Ajoutez une ou plusieurs maladies... Ah, ça casse l'ambiance, un début de chronique comme cela... Mais c'est pour comprendre le suicide chez les personnes âgées. Vous trouverez tout cela dans l'histoire de ce couple qui s'est tué par balles à l'hôpital Ambroise-Paré, le dimanche 23 novembre. C'est une situation horrible pour les équipes soignantes, mais imparable, car le couple avait décidé de le faire. À l'heure de la loi Leonetti sur la liberté des êtres à choisir leur fin, comment en vouloir à ce couple d'amoureux jusqu'à la mort, un Roméo et une Juliette ultramodernes ? Ne serions-nous que contemplatifs face à ce drame, avec les néolibéraux qui souhaiteraient que tous les vieux se tuent pour économiser le coût des retraites ? J'entends le discours ambigu du « À quoi bon vivre ? ».

Alors que la question est : à quoi ressemble la vie de ces personnes âgées, dans un pays en crise majeure, qui ne les considère pas, avec des commerces de proximité qui ferment, une convivialité et une politesse qui crèvent, une violence sociale monstrueuse qui fait que, lorsqu'ils arrivent pour se faire soigner dans les hôpitaux, ils ne sont pas forcément les bienvenus ?... Le sujet du désespoir des personnes âgées est un problème de santé publique qui déferle tel un tsunami, un curseur de la valeur humaniste de la société. Ce couple avait déjà tenté de se tuer avec des médicaments quinze jours avant. La vieillesse a souvent la dépression comme ombre, et le suicide est fréquent, surtout s'il y a en plus une maladie incurable. Dans leur cas, la détermination à en finir est profonde, humaine et personnelle. Il y a quelque temps, une vieille dame a sauté du septième étage de son immeuble. Elle est tombée sur la pelouse. Comme il avait beaucoup plu, la terre était très ramollie. Ses deux jambes se sont plantées comme des tuteurs, se fracturant en plusieurs endroits, tout comme ses fémurs et son bassin. Mais ses organes vitaux n'étaient pas touchés d'emblée et elle vivait encore à notre arrivée. Rapidement, un voisin nous a décrit sa situation dans son septième étage, ne voyant presque personne, des enfants lointains mais qui tentaient de rester à l'écoute, mais elle, elle n'écoutait plus. Nous avons tenté de la réanimer, mais, au bout de quelques instants, le cœur n'a pas continué et d'un commun accord avec l'équipe nous l'avons laissée exaucer sa volonté. Le couple de personnes âgées d'Ambroise-Paré est une histoire d'amour avec une fin qui est peut-être l'apogée de l'amour. On s'aime et on meurt ensemble ! Il a dû lui en falloir du courage pour dégainer son revolver 22 mm et la tuer, et juste après se tirer une balle dans leur chambre d'hôpital. Dans cette société du jeunisme et du parfait, tout le monde les aura oubliés, comme tant d'autres... À nous d'y penser pour faire une société meilleure.

J'AI MAAAL !
Y A PAS MARQUÉ SAMU, LÀ…
CH.

Mais où vas-tu ?

3 décembre 2014

C'est l'époque où Charb m'engueulait car je n'arrivais pas à me mettre à la suite des agonies des gens célèbres... Je crois qu'il aimait me savoir au travail. Comme m'a dit une de nos amies, Charb était en fait très protecteur.

La particularité de l'*Homo sapiens* du nouveau millénaire est de vouloir voyager de plus en plus loin, de se croire au-dessus des risques, et finalement en dessous de la Terre. Voilà bien quarante ans que Maurice est parti vivre dans un coin paumé de l'Afrique du Sud. Où étiez-vous il y a quarante ans ? Lui était à l'aéroport, porté par ses 20 ans et le besoin d'aller en Afrique. Il a toujours vécu là-bas. Les éléphants, les girafes, l'apartheid, les Zoulous, la nature, etc. Il a vécu en échappant à toutes les maladies locales et spécialités infectieuses. La France n'était qu'un bout de papier usé : son passeport. Plus aucun lien dans l'Hexagone, famille dispersée ou morte, pulvérisée par le temps. Comme souvent chez nos compatriotes qui s'en vont vivre ailleurs, l'oisiveté et la critique de notre pays sont sans frein. Malheureusement, ou heureusement, il n'a cotisé à rien, aucune assurance, il a vécu dans sa maison avec des petits boulots, des rencontres locales, jamais marié et sans enfants, ou alors ils sont loin. Il y a un mois, son état de santé s'est brutalement aggravé. Bien entendu, lorsqu'il a perdu connaissance, il a été transporté à l'hôpital de la ville. Très bien équipé, avec des médecins compétents qui ont découvert un cancer très évolué. En général, et quel que soit le pays, la prise en charge en urgence est toujours faite plus ou moins bien, puisque, dans presque tous les pays, il faut payer ! Son crabe a sans doute débuté au niveau digestif sans qu'il s'en aperçoive. Le cancer, c'est comme un faux ami, ça ne fait pas mal car il s'insère dans votre vie, puis un jour vous découvrez que ce narcissique pervers cellulaire vous a tout volé, vous a soumis et manipulé. Un peu comme l'extrême droite qui entre dans le jeu politique ou l'intégrisme dans la pensée religieuse. La destruction de Maurice s'est faite doucement, sournoisement. Bien sûr, avec ses à peine 60 ans, il avait la vie devant lui, mais les douleurs sont devenues de plus en plus vives, avec plein de petites choses anormales qui, prises une à une, ne voulaient pas dire grand-chose mais qui, rassemblées, montraient que rien n'allait ! Si t'es heureux : tant mieux ! Les métastases et les défaillances de tous ses organes ont fait que la facture en réanimation coûtait cher. Donc, l'hôpital du bout du monde a prévenu l'ambassade, qui a regardé ce qu'il était possible de faire. La France n'oublie jamais ses ressortissants, c'est la règle. Alors il a fallu commencer à chercher le moyen de le rapatrier en France, de mobiliser une équipe, avec de multiples échanges de mails et de coups de téléphone pour comprendre et adapter le transport. Puis vint la question de savoir où nous le faisions revenir. Car cet homme n'avait plus personne en France et nul ne l'attendait ! De plus, vu son état, il fallait trouver une unité de soins palliatifs, car il était au-delà de tout recours de traitement. Des heures de boulot et d'analyse pour trouver un service qui l'accepte et organiser le retour. Bien entendu, tous ces frais seraient recouvrés par le Trésor public sur les biens de Maurice. La date fut fixée en moins d'une semaine. Malheureusement, avant que le rapatriement soit déclenché, Maurice est mort. Finalement, il est mort là où il a voulu vivre. Il a été inhumé quelque part dans la terre qu'il aimait tant. Les recherches de famille n'ont rien donné, ni celles d'amis... Même pas une page sur un réseau social. Parfois, ces gens qui partent loin avec l'insouciance de l'aventure ne se rendent pas compte des coûts en cas d'accident ou de maladie. Ce n'est pas un argument pour valoriser les assureurs, mais pour appeler à la création d'une Sécurité sociale internationale.

Tomorrow never comes

10 décembre 2014

Il s'agit de Nancy Holloway, qui est toujours en pleine forme et dynamique. Une star qui brille encore.

Son nom ne vous dira rien ou si peu. Mais elle a été une star des années 1960 dans le quartier Pigalle, époque de la pègre corse, de la French Connection, du rock'n'roll, de l'après-guerre, dans un Paris de la nuit, du jeu et de la prostitution toujours là malgré la loi de 1946 de Marthe Richard, qui a fermé les bordels. Le jazz est implanté à Pigalle et les chanteuses et chanteurs défilent, accompagnés par le son des grosses voitures, l'odeur des cigarettes sans filtre et le parfum des alcools forts. Nancy a débarqué des États-Unis et elle est tombée amoureuse de Paris. Sa voix magnifique, sa beauté ont fait que le quartier Pigalle est devenu amoureux d'elle. La boîte de jazz le Mars Club l'a embauchée comme vedette. Dans son appartement parisien, tout est figé comme dans les années 1960. Ses photos souvenirs et ses chansons en disent plus long que les discours. Sur celle avec Elvis Presley, ses yeux disent tout leur bonheur de vivre. Elvis venait souvent la voir, car il était amoureux de toutes les danseuses du Moulin-Rouge. Tous les plus grands du jazz posent à ses côtés : Louis Armstrong est entouré de belles choristes et sourit de son oreille droite à son oreille gauche. Et quel beau visage elle a, aux côtés de Ray Charles ! Tout ce mur de photos lui permet de tenir, elle est devant comme un enfant devant la vitrine de jouets. Elle les regarde et a une histoire pour chaque cliché, qu'elle répète à ses visiteurs. Avec son accent américain, elle nous raconte sa vie, ses douleurs, ses difficultés avec le temps qui passe.

L'assistante sociale s'empresse de trouver une solution pour remettre le chauffage, envoyer les papiers qu'il faut pour être remboursée, ne pas avoir d'ennuis. Je deviens bricoleur en lui réparant son four pour qu'elle puisse remanger chaud. Il n'y a pas de désespoir chez elle, elle se marre à la moindre chose, non pas par démence, mais par philosophie. Elle aborde la vie avec réalisme, et rien ne pourra lui enlever son sourire. Comme elle ne sort plus de chez elle, tout est un peu difficile. Deux fois par semaine, une dame vient lui déposer des vivres, un peu comme un camp retranché dans la guerre du temps. Elle remet un vinyle de Billie Holiday et nous raconte les moments où, sortant des boîtes de jazz du quartier, ils montaient tous chez elle pour jouer sur son piano et boire des coups. Le piano est là, comme un vieil animal de compagnie. Il ne dit rien mais n'en joue pas moins. On sent que son bois et ses touches gardent encore en mémoire le toucher des musiciens de passage. En marchant, elle boite avec l'élégance de la danseuse qu'elle fut. Elle nous explique qu'elle est bien chez elle et ne regrette pas l'Ohio. Elle n'a plus de famille, et sa famille de cœur et de musique a disparu avec le temps, les cirrhoses, les cœurs cassés et les cancers fracassants. Lorsqu'elle a chanté « T'en vas pas comme ça », elle a eu un beau succès et tout le monde voulait la voir. L'envers du décor des artistes et des stars est le passage de la lumière à l'ombre. Dans les années 1990, il y a eu quelques émissions, et des musiciens l'ont fait remonter sur scène.

Le temps a passé, mais son dynamisme tient bon, grâce à sa lutte contre la nostalgie et des coupettes de champagne bien méritées. Sûr que le jazz aide à conserver la jeunesse… Comme le rock'n'roll, j'ajouterai, car cela m'arrange. Nous sommes restés quelques heures pour l'aider et trouver des solutions à ses problèmes. Depuis, régulièrement, nous prenons de ses nouvelles, comme son voisinage, qui prend soin d'elle. C'est Pigalle qui veille sur elle et il y a sans doute un Elvis, habillé en sapin de Noël sur un nuage, qui la protège. Certains soirs, je la suspecte de rechanter pour son chat, qui a bien du bol. Ce sont les soirs où il fait bon vivre à Pigalle et où des étoiles forment dans le ciel une portée en clés de sol et fa avec des harmonies magiques. Bien vieillir est une résistance contre la morosité, et c'est le travail le plus difficile qui soit.

Les fêtes de fin du monde

17 décembre 2014

En relisant ces textes, il y a comme un compte à rebours sordide. Nous n'aimions pas les décorations de Noël et nous voulions que tout reste dans la fête tout le temps. L'avantage de Charlie, *c'est qu'il fallait faire le journal, alors nous étions dans une sorte de bulle de création qui nous permettait de fuir le rituel des fêtes. Avec Cabu, nous trouvions que les décorations ressemblaient de plus en plus soit à des* sex toys *soit à des ornements de cimetière.*

Il y a un côté pathétique dans les décorations de Noël, avec ces Pères Noël pendus aux fenêtres, ces crèches où une femme accoucherait dans des conditions insalubres en présence de grosses bêtes probablement pas suivies par les autorités sanitaires. Souvent, les illuminations dans les grandes rues des villes sont ridicules, tels des sex-toys en train de sécher ou des concours de mauvais talents. Quant au Père Noël, il reste toujours blanc, obèse et rigolard à la vue des enfants... Marthe regarde tout ça devant les vitrines des grands magasins parisiens avec intérêt. Elle a plus de 65 ans, et elle vit dans la rue. Elle a trouvé refuge devant l'entrée d'une boutique de luxe où le prix d'un foulard lui ferait un semestre de loyer. Mais la règle est simple : elle s'installe après minuit et doit partir avant 6 heures. Comme ça, elle fait le bon chien qui garde la porte... Parfois, le jeune directeur de cette boutique est gentil, certains jours il lui file un gobelet de café... Elle se fait croire au bonheur avec ça. Pour rester propre, il y a une association à une heure de marche. Pour le courrier, une autre assoc à quinze minutes, et, pour les affaires qu'elle a pu garder après son expulsion, il lui reste un bout de cave à deux heures de marche. Son unité de temps est la durée de marche. Pour se faire soigner, c'est plus compliqué, alors elle ne fait rien. Pourtant, ses pieds sont un terrain de culture de mycoses et de lichen, sans parler des trous creusés par les gelures et l'humidité. La terre semble déjà la bouffer par le bas. Ses jambes sont énormes à cause de l'insuffisance cardiaque et de l'alcool. Car elle boit beaucoup, et du mauvais vin ou autre chose. Elle est devenue un tonneau vivant de plus de 60 ans ou litres... Elle est très gentille et n'embête personne. Elle a mal au dos en se levant le matin, lorsque la femme de ménage africaine ouvre les portes de la boutique de luxe. C'est cette dame qui lui donne à manger tous les matins avec des couverts, dans des gamelles qu'elle ramène de chez elle. Après, y a le café du directeur, lorsqu'il est là. Et hop ! Claudiquant à cause de son arthrose de hanche, elle va regarder les vitrines de Noël. Pas longtemps, car les vigiles aux allures de milice la chassent très vite et les mendiants aussi, car elle présente pas bien et c'est mauvais pour la manche. La rue est rude et ce ne sont pas les décorations de Noël qui arrêtent la misère. Consommer pour en mourir. Aujourd'hui, elle voulait aller faire sa toilette, mais elle a fait un malaise et s'est effondrée sur le trottoir. Elle est restée un moment avant qu'une dame n'alerte les secours. Un être humain mal fagoté à terre, à Paris, c'est tellement banal que plus personne ne s'arrête. Devant une belle vitrine d'habits de luxe, elle faisait son infarctus du myocarde. C'est encore la chance qu'offre notre service public hospitalier de prendre en charge les gens pauvres et exclus de tout. Elle a été d'une grande amabilité, plus que certains jeunes ou vieux bien insérés et riches – pour l'instant... Comme n'importe quel malade, elle a été prise en charge et conduite dans un centre de coronarographie interventionnelle, qui lui a débouché ses artères et permis à son cœur de rebattre sans soucis. La chance qu'elle a, c'est qu'elle est bien partie pour rester à l'hôpital pour sa convalescence. Elle n'est pas peu fière d'avoir une chambre, des draps, et à manger... Et elle trouve cela délicieux. Elle avait une famille qui a été tuée dans un accident de voiture. Puis la dépression et l'alcool l'ont fracassée. Ensuite, elle a été virée de son usine dans le Nord. Après, elle a été hébergée dans son reliquat de famille, puis des amis, puis des gens, puis la rue. Elle me l'a dit, ça va vite, la déchéance. Ce ne sont pas les pathétiques décorations de Noël et les rites primitifs qui les entourent qui doivent nous écarter de la seule valeur qui compte : l'amour des autres. Elle va passer un chouette Noël au chaud, et avec un sapin magnifique...

Il est né !

24 décembre 2014

Ah ça, ils se sont bien fichu de moi au journal lorsque je leur ai raconté l'accouchement sur le périphérique. Mustapha Ourrad m'avait complimenté pour le texte et était très content de ce que j'avais fait. Je m'en souviens car j'avais apporté plein de chocolats et du vin blanc.

Sur le périphérique parisien et sous ses ponts coule un flot de pollution. Tout y est gris. Les gens aux habits sombres et aux visages blafards semblent animés de mouvements automatisés. Tout paraît déshumanisé sur cette coulée de goudron. Et le gris du ciel se reflète sur le bitume, ou le contraire; la couleur a disparu, le temps marche sans regarder quoi que ce soit. Seuls les deux véhicules de secours osent le bleu, le blanc, le rouge. Comme une tache de couleur dans le côté sombre de l'urbanisme. Le bleu est celle des gyrophares, le blanc celle du camion du Samu, et le rouge celle des pompiers. Sur le trottoir de cette sortie du périph, il y a une voiture avec une femme à l'arrière, un homme grand et chétif sur le bas-côté, qui tient ses deux petits enfants par la main. La plus grande angoisse des urgentistes est l'accouchement, car même si c'est naturel, les risques sont très nombreux. Et là, aucun doute, malgré ce lieu bien glauque, un être humain a envie de sortir du ventre de sa maman. Cette famille est l'Europe. Elle est espagnole et lui, français. Ils vivent entre l'Espagne et Paris. Ils seront bientôt cinq. Ils revenaient d'Espagne, mais le bébé a décidé de quitter son lieu de conception plus tôt que prévu ! Comme si c'était un chemin balisé, l'accouchement du troisième va très vite. Elle est sur la banquette arrière, cuisses écartées, les pompiers autour, prête à accoucher comme une Marie des temps modernes, et espérons que le petit pose moins de problèmes... À quatre pattes sur la banquette arrière, entre les bagages, en l'examinant rapidement, je constate que la poche des eaux est toujours fermée. Je ressors, non sans m'exploser la tête sur la portière, mais content que nous ayons un peu de temps pour aller à la maternité la plus proche. « Allez, on y va là, on fonce ! » Mais un des sapeurs dit : « Docteur, la poche des eaux s'est rompue. » Là, la sueur coule à flots sur ma peau. Il paraît que j'ai changé de tête en pensant à tous les risques, mais que la fête commence ! Accouchement automatique. La maman, entre deux cris, me disait des choses en espagnol très aimables que je ne comprenais pas, mais elle souriait. Entre quatre gros bras de sapeurs et en deux mouvements de brancard, la voilà dans l'ambulance du Samu. Et nous roulons dans les embouteillages à quelques kilomètres par heure, mais comme dans un bateau en pleine tempête. L'infirmière regarde et me dit : « La tête. » « Ah, merde, y a un bébé ! » L'émotion fait dire n'importe quoi... Par la suite, je ne sais plus trop ce que j'ai dit et fait, mais j'avais l'air con, c'est certain. Le bébé est sorti tout seul comme si de rien n'était, n'ayant aucun mot de remerciement pour l'équipe, bravo la politesse dès la naissance, doucement, gluant, magnifiquement, avec l'élégance des grandes personnes, et il m'est tombé dans les mains, comme un poisson sortant de l'eau. Il a eu la délicatesse de crier de suite. Comme dans les belles histoires, j'ai coupé le cordon libérateur et freudien, œdipien, lacanien... tout ce que vous voulez de psychanalytique et d'analytique... Il y avait comme une euphorie de cette naissance, alors nous sommes allés boire un café au distributeur. Après des milliers de certificats de décès signés, enfin un certificat de naissance, ça se fête ! Un beau petit garçon, européen, espagnol et français, et en plus métisse, car le papa est d'origine malienne ! À notre arrivée à la maternité, tout le monde allait bien. Voyez que les histoires d'urgences finissent bien ! Et je ne vous raconte pas comment nous aurions agi il y a deux mille ans dans la bergerie... Ah, le petit Jésus, nous l'aurions mis au monde avec plus de dignité qu'au milieu des animaux. Et sans religieux !

Comment dire non ?

31 décembre 2014

Je ne sais plus trop la valeur de souhaiter une bonne année en fait... Je ne sais plus ce qu'il faut dire désormais, car il y a une telle appréhension à l'arrivée du début janvier.

Tout a peut-être commencé chez ses grands-parents ou ses parents, qui n'ont pas su l'aider, la soutenir, l'encadrer lorsqu'elle était enfant. Ce n'est pas qu'il y a plus de cons ou de gens bien dans les quartiers pauvres ou riches, c'est que les moyens donnés ne sont pas les mêmes, et depuis toujours. L'enfance de Fatima a été bringuebalée entre le Maroc et une famille aux principes très rétrogrades et les écoles parisiennes. Je ne connais pas les détails de son enfance, mais elle a été très courte, car elle s'est retrouvée enceinte à l'âge de 13 ans. Le géniteur a disparu, puis il est revenu, guère plus âgé qu'elle et très instable, dirons-nous. Les médecins, juges et autres aides sociales ont fait ce qu'ils ont pu. Les plus grandes catastrophes sont comme les grands murs, elles se construisent lentement, par de multiples facteurs qui, un à un, ne font pas grand-chose mais qui, rassemblés, mènent au drame. Elle vivait sans suivi psychiatrique, sans soutien, sans travail, chez sa mère, veuve, très âgée. Le jeune père a fini par prendre un avocat et la justice s'en est mêlée car il voulait l'enfant. Tout est alors devenu de plus en plus compliqué. Fatima est une maman de 20 ans qui s'occupe bien de sa fille de 7 ans, mais dans la galère sur la mer de la misère, tout est difficile. La décision de justice de confier l'enfant pour Noël au géniteur a été le déclencheur, une déchirure insurmontable pour elle. Sa propre mère, très gentiment, lui a dit de se taire, que ce n'était pas grave, que l'enfant reviendrait... Mais est-ce la peur de voir le père partir au bled avec la petite, l'angoisse de ne jamais la revoir, la tristesse de pas être avec elle pour cette fête de Noël qui devient pour beaucoup un échec plus qu'une fiesta, ou tout cela en même temps ?

Les cris et les pleurs se sont entendus dans tout le HLM. La mère a eu le renfort d'une vieille voisine qui a dit « C'est la vie et inch'Allah ». En quelques secondes, Fatima a alors ouvert la fenêtre et a enjambé le rebord. La maman a eu le temps de crier et a tendu la main pour la retenir, la rattraper, mais elle a sauté. Du cinquième sur le bitume, sa tête a tout pris. La mère a vu sa fille écrasée dans le sang et quelques morceaux blancs nacrés de son cerveau. Les secours sont arrivés et ils n'ont rien pu faire. Le cadavre allongé sur le sol, la vie de l'immeuble continuait comme si de rien n'était. Un petit jeune a essayé de prendre des photos, sans doute pour assouvir son voyeurisme dégénéré sur sa page Facebook. La maman est descendue en hurlant, et, dans le camion de pompiers, à l'abri des regards, nous lui avons dit que c'était fini. Elle a hurlé, et seules les autres femmes de l'immeuble sont venues vers elle. Comment joindre le père et prévenir la petite fille sans qu'elle culpabilise et se retrouve à se dire à chaque Noël que si elle n'était pas partie sa mère n'aurait pas sauté ? Mais tous les numéros sont dans le portable que nous entendons vibrer de la poche du cadavre. Sans doute des amies qui l'appellent pour la soutenir... La technologie moderne a aussi ses côtés sordides. Malgré l'émotion, les badauds des étages regardaient, filmaient... Le sordide a également sa modernité. Sous la couverture, l'échec d'une famille, d'une société, une synthèse de toutes les fautes de parents, d'un système de santé. Entre deux cris, la mère de la défunte se demandait « pourquoi ? ». Cette question va tous les jours, jusqu'à son dernier souffle, la hanter, la tuer à petit feu. La petite fille de 7 ans ? Nous ne savons pas, car le domaine médical s'arrête là où commence la liberté des gens. Repensera-t-elle à ces instants ? Le père en aura-t-il la garde, sera-t-il capable de l'éduquer ? Comment tiendra-t-elle en se disant que si elle n'était pas partie sa mère n'aurait pas sauté ? Y a-t-il des pédopsychiatres qui l'aideront ? 2015 commence bien mal. Le drame de cette famille, de cette mère-enfant, puis de toutes les fractures de sa vie conduisent à penser qu'on pourrait mieux faire et mieux prévenir les détresses si l'organisation et les moyens évoluaient vers plus de prévention... Non, je ne suis pas utopiste, mais optimiste. Bonne année, chers lectrices et lecteurs.

À votre santé

7 janvier 2015

Je l'ai écrite le dimanche 4 janvier après que Charb et des amis sont venus dîner. Nous avions débattu du combat social. Avant ce mercredi sordide, nous avons passé les trois dernières soirées ensemble, et le dernier moment a été un fou rire en écoutant des chants yiddish. On a ri en silence dès le début du spectacle, et dans ces cas-là on ne pouvait pas se regarder sinon ça repartait. Une fois, à Avignon, nous étions tombés dans un concert de flamenco par un guitariste mémorable et acariâtre… nous avions fini par sortir tellement nous avions pleuré de rire, pas pour se moquer de lui mais de l'ensemble de la scène. Il m'a dit simplement: «À demain au journal, Chouchou.»

Sans contester le droit de grève, il y a quelque chose d'anachronique dans le conflit des médecins libéraux. Ils refusent le tiers payant en arguant que recevoir de l'argent leur permet de favoriser la relation avec le malade; que de payer inciterait les malades à ne pas venir consulter *(sic)*, qu'eux-mêmes appliquent le tiers payant en fonction des malades... Ces arguments me semblent une mauvaise copie de boîte de communication vieillotte. D'abord, qu'un médecin se transforme en banquier et fasse l'intermédiaire entre le payeur (la Sécurité sociale et les mutuelles) et le malade est archaïque, et un vieux jeu d'argent sans transparence du droit. Ceci se pratique depuis tellement longtemps dans les hôpitaux, les centres de santé et cliniques, et beaucoup de médecins sont salariés et cela se passe bien. Il n'y a pas de surenchère de soins ! Quant à la valorisation de la relation médecin-malade par le jeu avec l'argent, c'est très discutable ! Reste le débat sur les dépassements d'honoraires, mais je suis contre... et surtout à l'hôpital public. Ceci voudrait dire qu'avant la Sécurité sociale les gens n'exagéraient pas la consommation de soins, puisqu'ils payaient tout ! Faux, puisque ce fut depuis toujours une des récriminations, avec la faim, des peuples aux pouvoirs politiques et que les malades voulaient se faire soigner. Les premières structurations humanistes des sociétés ont été les hôpitaux. L'arrivée de la loi de 1905 instaurant la séparation de l'Église et de l'État a été défendue par des médecins (j'ai peur de me demander combien nous serions aujourd'hui). De plus, la plus grande puissance économique du monde, les États-Unis, grâce à Obama, s'est empressée de faire une Sécurité sociale, l'Obama Care : donc le lien entre le malade et la médecine n'est pas qu'un lien d'argent ! Certains crient à l'étatisation de la santé par la généralisation du tiers payant. Mais c'est un choix politique depuis 1945 et les textes du Conseil national de la résistance, et la Sécurité sociale est toujours le payeur, par une enveloppe votée par le peuple à l'Assemblée nationale. Sans Sécurité sociale, pas de XXIe siècle. Cette grève, malgré elle, est un mouvement politique contre ce qui fait le socle social de la société : la Sécurité sociale. Ou, s'il ne l'est pas, il devrait proposer d'autres modes de rémunération que le paiement à l'acte, qui est naturellement inflationniste, comme la tarification à l'activité dans les hôpitaux – plus le médecin fait d'actes, plus il gagne sa vie –, demander la même rémunération entre spécialistes et généralistes et demander l'invention d'une carte de Sécurité sociale et mutuelles de paiement universelle ! Ce mouvement devrait donner des idées neuves ! Il existe un dénominateur commun, à 25 milliards d'euros, entre la crise de l'hôpital et la reconnaissance du temps de travail de ses salariés, médecins ou non, et le monde libéral : c'est ce plan d'économies pour la dette, dont ces milliards que la Sécurité sociale doit faire. Le problème est que l'humain n'est pas qu'une donnée économique, il est fluctuant et malade un jour ou l'autre. Faire des économies dans la santé est multifactoriel, et le seul moyen est la prévention. Trois thèmes sont trop négligés par les pouvoirs publics : la prévention des accidents du travail, des accidents domestiques, et celle des violences faites aux femmes. Nous avons des exemples de progrès et donc d'économies à la collectivité : la prévention routière et la surveillance de la chaîne alimentaire (bien que le bio doive être généralisé, et l'arrêt des pesticides !). Rester dans le paiement à l'acte et les vieux systèmes de rémunération est d'un autre siècle. Qu'on le veuille ou pas, la médecine change et le monde médical doit conquérir ces nouveaux espaces engendrés par le Net, la médecine par smartphone, les applications qui arrivent... il faudra bien payer les soignants pour ces soins à distance. La question reste entière, combien doivent gagner les médecins, les chirurgiens, les infirmières... De plus, une conception nouvelle de la médecine est née, et il faut de la nourriture intellectuelle pour la faire grandir dans un sens humaniste, laïque et sans sélection, que ce soit par l'argent ou les facteurs sociaux.

Je tu il nous vous ils suis Charlie

14 janvier 2015

Il a été comme une évidence de faire ce numéro, car ceux qui venaient d'être assassinés ne voulaient jamais qu'on cède. Nous pensions aux blessés, Simon Riss, Philippe Lanson et Fabrice Nicolino. On l'a fait avec l'énergie du désespoir. L'équipe pleurait, les gens faisaient leur travail, on se tombait dans les bras... J'ai écrit ce texte au moment où les hélicos survolaient Paris, car l'autre nazi djihadiste attaquait l'hyper cacher à la porte de Vincennes. C'est la première fois que j'avais ce sentiment que la guerre était là. Ce jour-là, des gens que je ne connaissais pas sont morts, et pourtant je me sentais proche d'eux et je les aimais sans le savoir. Philippe Braham, Yohan Cohen, Yoav Hattab, François-Michel Saada. La veille, Clarissa Jean-Philippe avait été assassinée à Montrouge. Elle a évité l'attaque d'une école juive. Ces attaques antisémites sont indissociables de l'attentat de Charlie Hebdo. *Il n'y a pas de victime au-dessus d'une autre dans ces attaques. Je pense à eux et ce livre est une contribution pour ne pas les oublier.*

Ma semaine a été trop chargée, alors je vais faire une chronique sur la nécessité de profiter de la vie, un texte fédérateur sur l'humanisme, des mots qui pourraient obtenir un prix dans un Salon de l'agriculture de la littérature. Mais, avant tout, je tiens à exprimer ma colère contre mon téléphone, qui, malgré un abonnement très coûteux, ne fonctionne pas ! Charb n'arrive pas à me joindre ! Il devait venir dîner hier et il n'est pas venu. Il doit avoir un cul à tirer, comme il me dit chaque fois, ou des dessins à rendre pour la CGT ou *L'Huma*. Pas un SMS, son portable doit être en panne. De toute façon, ses mousquetaires veillent sur lui, alors je m'inquiète pour rien, comme il me dit. En attendant, je vais faire ma chronique. Pleurer des yeux à faire reverdir les déserts avec les paysages les plus beaux. Pleurer de mon âme pour changer le cours des choses. Pleurer de mon corps pour en sortir une énergie si grande que… Quelle heure est-il ? Je vais jamais finir à temps pour le bouclage du journal et Charb va encore m'engueuler en disant : « Chouchou, travaille ! » Demain ne reviendra pas. D'ailleurs, ne pas oublier : il faut que je passe acheter des gâteaux pour Cabu, car il ne mange que ça et il doit revenir dîner à la maison dans la semaine. Nous parlerons de Trenet, et je jouerai à lui faire deviner des morceaux de jazz, et il gagnera. Avec sa coupe à la Beatles, j'ai toujours l'impression d'avoir McCartney à table ! Il doit être au *Canard enchaîné*, c'est pour ça que je le vois pas. Le monde moderne est lourd en ce moment, je sais pas ce qui se passe, la météo peut-être… Je vais finir par trouver de l'intérêt à toutes les drogues ! Mais je rigole, je dis ça pour patienter le temps que mon frère me rappelle ! Pourtant, c'est rassurant, le pape, Obama, les imams, les Palestiniens, les Juifs, des pompiers, des policiers, des enfants… tout le monde parle de *Charlie Hebdo* ! Le journal a dû faire un truc incroyable pour qu'ils aient une telle couverture. Charb va être content, car les ventes vont remonter et on va pouvoir tenir la ligne du rire et du sourire face au front de la morosité et du noir de la crise. Ah, c'est bon, ça : le bonheur a toujours de la couleur, et le noir doit quitter son identification à la tristesse. Les dictatures ne font jamais rire ni sourire leur peuple. Seules les démocraties font rire, et ces visages réjouis nous différencient de nos masques de mort. C'est pas mal, comme idée, faut que j'en parle à Elsa. Elle va me hurler que c'est génial ! Et quitte à avoir un sonotone, autant que ce soit par les paroles généreuses et intelligentes d'une psychanalyste ! Mais je comprends pas pourquoi ils me rappellent pas. En même temps, ça me laisse du temps pour commencer ma première correspondance avec Oncle B. Faut que je lui dise que je l'aime, j'ai oublié l'autre jour, lorsqu'on a décidé de faire ce livre qui va faire date pour casser la tarification à l'activité dans les hôpitaux, appeler à la Sécurité sociale mondiale, gueuler contre le lobby de l'industrie du médicament, remotiver les politiques sur le fait que la santé n'est pas une marchandise, prôner une société humaniste, que l'économie serve l'humanité et pas le contraire. Nous en avons parlé l'autre jour, à la petite fête de *Charlie*. Bon, certes, j'ai eu un peu mal au crâne à cause du vin que j'ai bu avec mon Tignous. Je lui ai laissé un message, à mon Titi, pour lui dire que j'ai encadré son dessin si drôle, c'était peut-être dans *Marianne*... Je dois être fatigué, car il y a des choses dont je refuse de me souvenir. Il va encore me dire qu'il m'aime pour avoir une ordonnance, mais il tarde toujours à rappeler. Il y a quelque chose qu'ils m'auraient caché ? Mais je m'inquiète toujours, vous savez... À ce propos, l'autre fois, Honoré m'a proposé de passer à une expo d'un de ses amis. Se promener avec lui, c'est toujours marcher avec une encyclopédie de culture. D'ailleurs, il est aussi beau que ses dessins. Il a une classe incroyable, comme Georges. Il faut que je lui dise les progrès de la médecine sur la sexualité. Je lui ai laissé un message pour dîner avec lui et parler de la beauté des femmes ! Il doit être content que la situation à Cuba s'arrange. Mais il est si tard, et je ne comprends pas pourquoi c'est ma première chronique écrite en larmes. Le son de leurs voix ressemble au silence. J'ai froid. J'ai envie de vomir. Il doit y avoir une fête quelque part où ils sont tous allés... Un oiseau a voulu me le dire, non ? Mais où est Mustapha, mon maître des dictionnaires ? Mes fautes ne partent plus ! Et Charb n'arrive pas à me joindre... Je vais finir par péter la gueule aux nouvelles technologies !

Le virus nouveau est arrivé !

25 février 2015

Peut-être aurions-nous dû ne pas recommencer tout de suite le journal. Tout a été si traumatisant, si affreux. J'ai repris le travail comme un robot. Il y a eu quand même des gens du Samu qui ont expliqué que ma présence représentait un danger pour leur sécurité ! Depuis, les choses se sont un peu calmées, mais ne croyez pas qu'être victime rend les gens sympathiques avec vous.

Pourtant, il avait tout fait comme il était écrit dans le courrier de la Sécurité sociale : « Vous devez vous vacciner contre la grippe. » René l'a fait, bien qu'il n'aime pas les piqûres et sans se douter que le vaccin n'est pas très efficace cette année. Puis, à force d'entendre qu'il ne faut pas déranger les médecins, ne pas dépenser trop pour se soigner, qu'il ne faut pas aller aux urgences… il a attendu. René, 85 ans, est devenu un terrain de combat contre la grippe. Il en a connu, des combats : contre un salaud de cancer, contre les désespoirs de la vie avec la mort de sa femme et de son unique enfant. Mais il a toujours tenu bon. Du haut de son HLM avec vue sur la mer de béton du périphérique parisien, avec des photos souvenirs accrochées au mur comme des trophées pris au bonheur, il a vécu une vie digne sans jamais céder à aucun excès. Certes, il aimait bien aller au Salon de l'agriculture, car les vaches font du vin, et il aimait bien boire ce lait-là, il aimait aussi les courses de chevaux et le tabac à rouler. Un petit virus et une grosse facture. La grippe, depuis la nuit des temps, frappe toujours à la même porte de l'année, celle de l'hiver. Comme toute horreur, elle s'attaque aux plus faibles et aux plus âgés. Il y a des similitudes entre les difficultés du corps et ses batailles biologiques, et notre monde et ses violences. Chaque année, les pouvoirs publics découvrent que l'hiver arrive, avec la grippe ! Chaque année, les hôpitaux font face à un nombre croissant de malades qui arrivent aux urgences au moment de cette épidémie. Pendant ce temps, devant leurs écrans, des médecins et des administratifs regardent les courbes statistiques croître et… attendent qu'elles baissent. C'est alors que les personnels, comme chaque année, protestent et montrent du poing les problèmes de place. Comme chaque année, les pouvoirs publics sont alors obligés d'avoir recours à des plans exceptionnels et qui semblent n'être déclenchés que par la puissance des médias. Conséquence : les malades qui attendaient leur rendez-vous pour être hospitalisés dans les services de spécialités voient le report de leurs opérations ou traitements. Que font-ils alors, car l'angoisse les prend en plus de la maladie ? Ils vont aux urgences ! Ainsi, le château de cartes de l'organisation du système sanitaire et social se casse la figure. 130 000 lits d'hospitalisation ont été fermés au cours des douze dernières années, et des concepts d'hôpital-entreprise, de tarification à l'activité, d'économies ont changé la santé en un machin commercial. René a toujours payé ses impôts, et il avait voulu défendre la Sécurité sociale et l'accès aux soins. Il devait être fier que le système de santé français soit l'un des meilleurs du monde. Le virus a pris de plus en plus de place au fur et à mesure qu'il se sentait fatigué et ne bougeait presque plus. Comme il ne répondait plus, son vieux pote est allé le voir et a alerté les pompiers. Arrivé aux urgences, il n'était pas bien du tout. Il a dit : « Vous... inquiétez... pas... C'est juste... la grippe... » Ces mots ont été comme son dernier effort, et il a fait un arrêt cardiaque, sans plus de protestation comme durant toute sa vie. Les urgentistes ont tout fait pour l'en sortir, en vain. René a été juste touché par une maladie que l'on croit banale, mais qui engendre le plus grand dysfonctionnement du système sanitaire et social de l'année et fera bien plus de 5 000 morts en 2015. Banalité de la régulation de la vie sur terre, mais absence de l'adaptation du système sanitaire et social à cette épidémie si saisonnière depuis la nuit des temps. Le défi du système de santé est désormais de devoir faire face au quotidien et de s'adapter à l'exceptionnel. Aux urgences, l'exceptionnel devient le quotidien, et la confrontation entre les problèmes des malades et l'économie est flagrante. Mais les économistes s'en foutent, car ils n'aiment pas l'humain... Ils comptent l'argent.

Croisons le fer

4 mars 2015

Les dessins ont disparu de mes chroniques. Cela me gênait de continuer seul. L'absence a de l'importance, à quoi bon la nier ? Le courage a été de continuer et tenter de travailler. J'ai eu un mal fou à me concentrer pendant tous ces mois. Des heures entières devant l'écran blanc… et cette souffrance qui me paralysait. On a continué le journal pour montrer que la rage de vivre est un courage.

Alors, comme ça, vous vous dites que les choses matérielles ne m'intéresseraient pas ! C'est faux. 60 % des foyers français sont équipés d'un fer à repasser. Et qui se préoccupe de parler des fers à repasser ou de leur souffrance à repasser des tenues plus ou moins propres ou raffinées ? Connaissez-vous la patience, reconnue et prouvée dans le monde, de l'électroménager, du fer à repasser ? Et puisqu'il faut un sacrifice domestique dans ce journal, je le relève en prenant avant tout le débit vapeur continu. Ah ! ça, vous l'aviez oublié, ce débit, alors qu'il est essentiel à la qualité du repassage, surtout avec sa norme européenne. Cela prouve-t-il que les technocrates européens fument de la vapeur d'eau ? C'est une chronique engagée, car personne ne parle de l'endurance et de l'entartrage, qui sont des sujets tabous, même à BFM. Surtout avec un thermostat au maximum, surtout après le préchauffage, ou un repassage intensif… Le tartre se dépose en quantité. Le repos, après le repassage, est bien mérité, que ce soit sur le talon du fer ou son support céramique. Mais surtout pensez à la vidange, plus petite chez le fer femelle que chez le fer mâle. Tout est dans le volume du réservoir, comme les vessies des êtres vivants, ainsi que dans l'odeur. Il y a aussi ce problème que le fer est un conflit permanent et jamais résolu entre, d'un côté, l'eau et, de l'autre, l'électricité : un peu comme les malades bipolaires, mais n'entrons pas dans le mécanisme freudien ou religieux du fer. Le Prophète avait-il un fer halal ? C'est une question à ne jamais poser. Et qui dira combien les forums Internet consacrés aux fers à repasser soulèvent des questions quasi philosophiques sur... la recherche du temps perdu. Chauffe, Lucette, chauffe ! Il n'empêche que Lucette avait mal au dos depuis des mois. Elle en a vu, des toubibs, qui ont prescrit des trucs sans aucun effet. Alors, un jour, elle a tâté du fer à repasser sur elle-même. D'abord avec les vêtements, puis à même la peau. D'abord sur la position « textile fragile », puis elle a poussé le commutateur à fond. Les séances semblaient calmer la douleur. Elle n'en a parlé à personne, comme un secret intime avec son fer. Les mois ont passé et, d'une séance par semaine, c'est devenu un repassage sur elle-même chaque jour. Elle calmait cette douleur profonde, lancinante et sourde. C'est un jour, en prenant le thé avec une de ses amies qui venait de lui offrir un petit haut, qu'elle a dû en parler. En passant le chemisier, son amie a vu son dos comme brûlé par plaques triangulaires, avec des cicatrices qui étaient devenues comme des plaques de cuir tanné de différentes couleurs, avec certains triangles infectés. Elles n'ont pas fini le thé, car la bonne amie l'a accompagnée sans panique et avec précaution aux urgences. Au départ, tout le corps médical a cru à une maladie de peau peu enviable. Jusqu'à ce que la question du pourquoi lui soit posée. La douleur était telle que seule la chaleur la calmait. Devant son amaigrissement et les résultats sanguins effroyables, nul doute que le fer à repasser tentait de vaincre un énorme cancer... Mais ça n'est pas passé comme un faux pli. Il a fallu plusieurs opérations et des chimiothérapies très complexes. C'était il y a cinq ans, et je l'ai revue par hasard il y a peu. Figurez-vous qu'elle continue son repassage, car elle a été guérie de son cancer, non sans de multiples complications. Ben, voyez-vous, non seulement il faut toujours se battre contre les maladies, même les plus redoutables, et toujours croiser le fer, même très chaud... Mais pas trop longtemps non plus.

Faut-il une loi sur la santé ?

11 mars 2015

Malgré le drame, la vie continue et mon regard sur les choses sociales n'a pas changé et s'est même accentué vers plus de solidarité et de coopération entre les systèmes.

Le gouvernement, par sa ministre de la Santé, présente dans les prochains jours une loi sur la santé. La dernière fut celle de Sarkozy et Bachelot, qui a installé le mauvais côté de l'esprit d'entreprise dans les hôpitaux, a tout aggravé et conduit à une sur-administration du monde dit libéral. Aujourd'hui, l'ensemble des professionnels de santé proteste, ce qui est toujours le cas avec des syndicats médicaux hospitaliers – publics ou privés – ou libéraux plus ou moins représentatifs, car la santé inquiète. Avant tout, la santé est-elle une idée politique ou une somme de corporatismes ? Déjà, l'une des catégories sociales les plus représentées à l'Assemblée nationale est la santé. Ses professionnels ont aussi des réseaux très importants, *via* leur famille et les gens qu'ils soignent. Donc ce n'est pas comme les apiculteurs ou les associations de lutte contre les violences faites aux femmes, ou des syndicats en lutte contre la fermeture de leur entreprise : les professionnels de santé ont du pouvoir ! L'un des socles de la République, c'est la Sécurité sociale. Sa création par le Conseil national de la Résistance a concrétisé les idées du Front populaire. C'est la politique qui a développé la santé et enrichi socialement les professionnels de santé. Certes, la science médicale a construit de belles choses, mais, là encore, l'explosion de cette science a été faite avec l'aide industrielle et... la loi de 1905 sur la séparation de l'Église et de l'État ! Coupez la santé des religions, et vous développez l'humanité. La santé est donc liée à la politique et dépend d'elle. Au cours des dernières années, la loi a permis la lutte contre la douleur, l'amélioration des urgences, la carte Vitale, la lutte contre le sida... Mais le chemin est long, car le politique a aussi cassé une logique : celle de l'hôpital égalitaire, de la place de l'humain. Un exemple : la pédopsychiatrie, ou encore l'accès aux soins pour les ophtalmos, les ORL ou les dentistes. Ces trois professions incarnent un problème d'organisation et d'accès aux soins qui fait que le peuple voit mal, entend mal et perd ses dents. Quoi de neuf, doc ? Alors, oui, Marisol Touraine a raison de faire une loi de santé ! Il faudrait avant tout abroger la loi Bachelot de 2008, qui, avec celle de Mattei en 2003, a cassé définitivement l'hôpital public au profit du libéralisme. Ensuite, le tiers payant doit en effet être généralisé, car la notion même de l'argent est dépassée. Ce fut l'un de mes derniers échanges avec Oncle B. : la fin de l'argent dit « liquide ». C'est inéluctable ! La mettre en place est certes compliqué, mais ça doit se faire. L'organisation de la santé est essentielle. Les nouvelles Régions sont une bonne chose si elles prennent à bras-le-corps la problématique des réseaux de soins pour tous et vingt-quatre heures sur vingt-quatre. C'est un sujet qui n'est pas dans la loi : la société a basculé dans un temps continu, et la santé a gardé l'organisation des années 1970. Jours ouvrables, week-ends, vacances... La France n'a jamais eu autant de médecins (presque 300 000) et elle n'arrive pas à les organiser pour combler les déserts médicaux. Il faut négocier la modernité du grand système de la santé au risque de tout faire basculer vers un système commercial et assurantiel. Enfin, cette loi ne réforme pas celle de 1958 qui gère les centres hospitalo-universitaires et ses plus de 4000 professeurs et 56 spécialités, le record en Europe ! Tant que cette loi ne sera pas modernisée, il n'y aura aucun progrès possible, ou alors à la marge ! Sans parler de problèmes de santé publique qui sont absents de cette loi : les violences faites aux femmes, la légalisation du cannabis, l'éducation populaire à la santé, le lien avec la santé scolaire pour les enfants violents ou conditionnés aux religions... Bref, une loi de gauche est nécessaire et le gouvernement ne doit pas rater cette échéance, car le peuple souffre.

Clodi clodo

18 mars 2015

La pauvreté évolue tout le temps. On peut toujours avoir pire. Qui eût cru qu'en Europe nous assisterions de nouveau à des peuples qui se réfugient car leur terre est en guerre ? Il faut les aider mais aussi se battre pour que là-bas le nouveau nazisme de Daesch disparaisse.

À quoi servent les regrets, sinon à faire des feux tout en mangeant des tartines de beurre avec un chocolat chaud ? Lionel, lui, ne peut faire que quelques feux dans des coins paumés de rue en buvant du pinard plus proche d'un mauvais vinaigre que d'un vin raffiné. Il est un sigle banal, SDF. Sans domicile devrait suffire à expliquer son problème, alors pourquoi avoir ajouté « fixe ? Il y a deux ou trois endroits où il est connu aussi comme le clochard ou l'épave. C'est un peu un grand voilier qui se serait échoué au ban de la société... Il semble être déjà un vieillard, édenté, des cicatrices sur le visage, il a l'air d'un boxeur qui sortirait du ring après des rounds sans fin ni arbitre. Pour les pauvres, la rue est un coup de poing dans la gueule sans pause. Le regarder fait peur, avec ses hématomes calcifiés, ses cicatrices effroyables ou recousues par des mains de parkinsonien. Son visage ne ressemble plus à sa vieille photo de carte d'identité en carton. Il ne se plaint pas et, de toute façon, à qui ? Il a plus de conversations avec son ami imaginaire que vous avec votre ami proche. Alors il boit tout le temps et tout ce qu'il peut. Il connaît mieux qu'un site comparatif les prix les moins chers des magasins. Son sang est une marée d'alcool qui suit le rythme des manches et du RSA. Il s'est perdu dans une société plus compliquée à pénétrer qu'une forêt d'épines. Maladroit, un peu con, un peu simpliste, un peu haineux, très peu vaillant au travail... Un échec affectif, puis professionnel, et, doucement, après sa période de punk à chien dont seul l'animal s'est sorti, il est devenu une sorte de mobilier urbain. Nous passons à côté de lui sans le voir. Des fois, il se vautre même en plein milieu du trottoir, comme un arbre mort. Les gens passent dessus ou à côté et... rien. La police, les pompiers, les urgences ne le voient même plus. Pour sûr, Lionel aimerait des réactions, des gens qui gueulent, quelque chose qui lui permettrait de dire qu'il est encore là. Sous le bitume, pas de poésie. Il a deux ou trois potes, qui sont partis au moment où nous sommes arrivés, car le petit monde de la rue n'aime pas trop l'émotion des secours. C'est l'un d'entre eux qui est allé taper à la porte de la caserne de pompiers. Devant l'état de Lionel, ils ont déclenché les secours. L'une de nos richesses sociales est que, comme pour tout malade, une équipe de Samu est venue. Certes, le déshabiller fut un peu comme subir une attaque de toutes les pires odeurs, mais ça a valu le coup ! Son infarctus du myocarde était massif. Il avait tous les signes des grandes détresses cardiaques, comme décrites dans les vieux livres. Il paraissait physiquement avoir 70 ans, mais en avait à peine 40 ! Comme pour n'importe qui, il fut conduit en trente minutes sur la table des cardiologues, et les artères ont été débouchées. Le néolibéral ou le gus d'extrême droite vous diraient : ça coûte très cher, pour ce type alcoolique aux problèmes multiples. Le démocrate et l'humaniste vous soutiendront qu'il faut toujours garder espoir en l'homme. Eh bien, ce sont ces derniers qui ont gagné. Il a eu la chance de rencontrer une sublime assistante sociale, Sandrine, qui s'est occupée de ses dossiers. Ce fut long, mais elle y est arrivée. Elle a retrouvé un frère avec lequel il s'était disputé pour des conneries matérielles et qui l'a hébergé. Un an après, il a trouvé un job très honorable à la Ville de Paris. Il balaie son ancien lit de bitume avec application. Ce n'est pas un petit boulot, c'est un véritable travail, et il s'applique à parler avec les commerçants et ne manque jamais de s'arrêter pour engueuler ou motiver ceux qui l'ont remplacé. Malheureusement, l'autre jour, je l'ai reconnu sans difficulté. Son cœur n'a pas tenu. A-t-il rebu alors qu'il avait arrêté ? Avait-il une autre maladie ? Sa vie a été une aventure, dans la tragi-comédie d'une société complexe et violente. Si vous passez un jour à côté d'un SDF, ne vous arrêtez pas trop, vous pourriez vous reconnaître, car il suffit de peu de chose pour tomber dans le ruisseau du bitume. Mais n'ayez pas peur, ils n'ont jamais tué de journalistes, d'universitaires, de médecins ou de dessinateurs... Ils tuent leur propre temps.

Le tiers gagnant des patients et soignants

25 mars 2015

Cette mesure de la nouvelle loi santé, si contestée par les médecins libéraux, est inéluctable. Lisez Bernard Maris : d'autres options sont possibles. Le paiement à l'acte est très XXe *siècle ! La modernité est dans une prévention active des risques, une aide globale médico-psycho-sociale. Reste à avoir les bons systèmes pour que les professionnels soient payés...*

Que les économistes libéraux le sachent : l'alternative économique keynésienne est inexorablement en marche, comme un malade dépressif qui serait en train de découvrir l'intérêt de la guérison. Certes, c'est toujours difficile de guérir d'une maladie comme le néolibéralisme, le monétarisme, la nouvelle économie classique, mais, vu leurs échecs, la crise et la guerre, il est inéluctable qu'une autre économie progresse. La loi de santé que le gouvernement présente en est un exemple, en instaurant le tiers payant généralisé. Avant la Sécurité sociale, les médecins n'étaient pas souvent payés, beaucoup étaient religieux, d'autres faisaient vœu de pauvreté, d'autres encore étaient rémunérés avec des sous ou du troc ; ils étaient rares, ceux qui gagnaient bien leur vie. Et ne parlons même pas de l'hôpital, qui était aux mains de quelques castes religieuses. L'arrivée de la Sécurité sociale, en 1945, a tout changé et a fait progresser l'accès aux soins, mais aussi la rémunération des médecins, pour en faire des professionnels avec des revenus de cadres supérieurs. Mais est-ce le plus important ? Non. L'essentiel est que cette Sécurité sociale, enviée par Obama, a permis le développement de l'accès aux soins, même si les progrès technologiques et sociaux y ont aussi contribué. La valeur de la Sécurité sociale, et souvent aussi des mutuelles, est basée sur les mots « ensemble » et « solidarité ». Ces deux mots sont vulgaires pour les libéraux, qui voient dans la santé un bâton pour contenir l'humain. Sans la Sécurité sociale, combien un malade devrait-il payer un médecin pour lui avoir sauvé la vie ? Un milliard en or ? La médecine serait-elle devenue le nouveau mythe de Midas : derrière tout malade se cache de l'or ? L'acte de soigner ne devenant plus qu'une marchandise, et un malade une matière première de valeur économique. Vous naissez, vous vieillissez et les vendeurs de couches vous tiennent aux deux extrémités de votre vie tout en bouffant des médocs. C'est le mode de pensée de Chirac et de Mattei dès 2002, puis de Bachelot et Sarkozy, avec la tarification à l'activité. Le tout économique : derrière un malade, il n'y a plus une globalité humaine, mais une économie avec un coût, un rendement, une évaluation économique. L'évaluation, ce désert de l'intelligence au service de la destruction de la médecine humaniste. Presque dix ans que les hôpitaux et les cliniques courent après l'activité rentable, sélectionnent les malades qui rapportent ou surcotent leurs actes, tandis que les autorités sont toujours incapables de freiner les bakchichs donnés avant les actes chirurgicaux ou/et d'anesthésie. Un argument a été tu : avec le tiers payant, l'argent liquide circulera moins et les petits arrangements vont diminuer en faveur de l'égalité et de la fraternité. Certains hurlent à l'étatisation de la santé : mais elle l'est depuis soixante-dix ans.

Ne plus avoir d'argent liquide qui circule est de toute façon une évidence dans les années futures. Comment se fait-il que les chèques existent encore à l'heure du virtuel, et pourquoi les pièces et billets continuent d'exister ? Quels gènes primitifs ou parties primitives de nos cerveaux nous font garder les échanges physiques, comme au temps des sesterces, des écus ou des louis d'or ? Marisol Touraine a raison et a du courage face aux insultes de quelques médecins libéraux. Le tiers payant généralisé est un progrès pour les malades. Il ne s'agit pas d'encadrer la rémunération des professions de santé, qui ne souffriront pas de chômage technique, vu le vieillissement et les malades, qui ne sont pas près de guérir. Quant à l'argument de dire que de payer en liquide freinerait le consumérisme médical, c'est faux. Car, à ce moment-là, nous devrions tout faire payer, et à tout le monde ! Que se passerait-il ? Une chute des revenus des médecins, mais aussi une baisse de l'accès aux soins et un écrasement du socle social. L'objet collectif de la Sécurité sociale est de faire du bien, calmer les peurs, soulager les malades, amoindrir le handicap. La Sécurité sociale est keynésienne. Et le roi Midas est mort depuis longtemps, à bouffer son or et à chier des écus.

Jamais sans ma pelleteuse

1er avril 2015

Charb et moi étions incapables de bricoler ! Ce petit texte pour tous ceux qui admirent les magasins d'outillage sans pouvoir s'en servir !

Pour celles et ceux qui ont une sexualité entre Jupiter et Mars, ou une frustration professionnelle aussi profonde que le magma terrestre, il reste le bricolage. Tout commence le samedi matin à l'heure d'ouverture du point d'eau pour les fauves des travaux : le magasin de bricolage. Vous y voyez les mâles tournant autour des rayons des perceuses, du gros outillage… Rien qu'au mot, la vibration du corps conquérant les éléments se fait ressentir, mais il vaut mieux ça que la chasse. Le stand gros matériel fait toujours rêver le propriétaire d'un 30 mètres carrés qui tente d'en faire un 200 mètres carrés grâce à deux, trois placards. Passons sur le rayon électricité, où nous sentons un travailleur du dimanche un peu plus matheux, genre hacker qui se sent apte à refaire une centrale nucléaire. Plus classe sont ceux qui stagnent devant les couleurs des pots de peinture pour faire une chapelle sixties dans leur salon. Dira-t-on un jour la souffrance des arbres et des matériaux de bricolage qui partent vers leur destin parfois tragique ? Les accidents domestiques et de bricolage font chaque année 20 000 morts en France. Et combien de blessés, combien de cris effroyables, par coups de marteau sur les doigts ? Philippe a eu l'idée de rénover sa salle de bains en regardant une de ces émissions à la mode. Il a tout acheté, outillage, tasseaux, ciment, plâtre, peinture... Avec son physique un peu abandonné, la fatigue de plusieurs années, il tient comme il peut dans ce monde de brutes. La solitude lui pèse depuis son divorce, qui a remplacé le bruit des engueulades, alors pourquoi ne pas bricoler ? La salle de bains a été attaquée vers 14 heures. Très étroite, même après avoir tout sorti, elle reste un lieu de 6 mètres carrés environ. Il a passé son pantalon usé et son vieux tee-shirt d'ancien sportif, très amateur, et a commencé à percer des trous dans les murs, à casser le carrelage et à scier un bout de cloison qui séparait la douche. Non sans s'être déjà fait mal aux mains et à l'œil. Le bricoleur devrait toujours se méfier du tonnerre des petites blessures qui gronde avant l'orage du gros problème. Mais il a continué vaille que vaille. Sans doute imaginait-il la recréation des bassins de Versailles. Seulement, il a oublié d'acheter un échafaudage. Alors il l'a fait avec deux chaises et un tabouret sur lesquels il a mis une planche d'étagère. Puis il a tapé avec la masse sur le mur. Aucune morale à cette histoire ! Il y a toujours du Buster Keaton chez un bricoleur. Le pan est tombé sur la robinetterie, qui s'est rompue en un geyser des grandes eaux. Il a alors fait un écart avec le pied et a déstabilisé son montage... N'est pas cascadeur qui veut. Il n'a pu retenir la masse et s'est rétamé en un cri signant la fin du chantier, devenu catastrophe dans le flot du pot de 20 litres de peinture qui s'est renversé. Il a entendu aussi un craquement de bois mort avant d'atterrir par terre avec tout le fatras : c'était son fémur. C'est la vieille dame du dessous qui, entendant le vacarme, a commencé à s'inquiéter. Il criait et l'eau partait dans tous les sens. La voisine avec son déambulateur est allée à son rythme pour prendre son téléphone et alerter le concierge, qui ne répond jamais le samedi. Elle a attendu un moment et, voyant les dégâts des eaux, a alerté les pompiers. Personne n'ayant la clé, il a fallu qu'un sapeur descende en rappel le long de la façade de la petite cour d'immeuble. L'ouvrier du dimanche était devenu une performance d'art contemporain. Avec toute la peinture, les tenues des secouristes étaient devenues des tenues de peintre. Il a fallu un moment pour le sortir et le transporter : fracture du fémur et de la rate. Il n'y a pas de morale à cette histoire, car il n'y en a pas dans le bricolage.

Les histoires d'amour finissent toujours

8 avril 2015

La médecine survole en quelques instants la vie des gens. Pour certains le récit fait une ligne et pour d'autres des sagas. Les gens aux parcours qui empruntent les chemins de traverse, à l'écriture atypique des destins, sont les plus passionnants. Mais à chaque fois et dans les pires drames : il y a de l'espoir.

Qui ne connaît pas Brigitte, punkette à chien, comme il est d'usage de les dénommer ? Forcément, vous l'avez croisée faisant la manche devant le supermarché, prenant un petit déjeuner à la bière et hurlant « *Bella ciao* » comme si elle mangeait des patates chaudes avec du yaourt, ou vautrée dans un coin de rue, entourée des autres de sa bande avec les chiens. Elle a des cheveux sales coiffés en dreadlocks qui sont des réserves à poux et autres bestioles jamais agressives. À 35 ans, son teint est déjà bien jaune à force de boire toutes les sortes d'alcool. Premier anxiolytique, l'alcool, qu'il soit bu par les riches ou par les très pauvres, a les mêmes conséquences. Qu'il soit très bon ou proche du kérosène, il fera la même chose sur les cellules. La seule énorme différence, c'est que le riche s'en sortira, car il aura les bons docteurs, les excellents traitements, le temps et le bon environnement social. Les pauvres ne doivent pas rater les rendez-vous et se débrouiller pour tout, sans avoir le temps et encore moins d'aide sociale efficace. C'est ainsi, l'inégalité, une somme de petits détails qui deviennent une grande catastrophe de ségrégation. Brigitte ne pouvait pas le savoir, et sa vie est partie comme une belle journée commençant par un grand beau temps ensoleillé, mais qui finit trop vite, dès midi, en orage. Elle n'a pas trop vu venir la drogue, son échec pour devenir comédienne, car elle était jolie, mais la beauté ne fait pas le talent d'artiste. Elle a eu des amourettes toujours très courtes, car, comme il est d'usage de dire : tout ce qui est sur le tournage ou la tournée reste sur place. Elle n'a pas été star, mais une étoile filante. Sa carrière s'est vite terminée avec la fin de son intermittence. Puis, après les cuites avec une bande, elle a commencé à trouver sympas la rue, son chien, la manche et les drogues... À ce stade, vous vous dites : c'est foutu ! Eh bien, non : elle est tombée amoureuse d'un cracheur de feu, tout autant punk à chien, mais version dragon. Leur romance a été torride, non pas par la chaleur dégagée par son haleine, mais parce qu'elle a cru à son sentiment, aussi beau et noble que n'importe quel amour. Bon, certes, le romantisme punk est difficilement pénétrable pour les non-initiés, mais tout le monde peut comprendre sa passion. Mais un jour son prince lance-flammes s'est tiré du coin de la rue. Elle l'a cherché... en vain ! Toucher le fond juste pour remonter ! Elle nous a raconté son histoire, assise en lotus dans son lit des urgences, car une rebelle ne peut pas s'asseoir comme tout le monde, et d'ailleurs personne ne s'assoit comme tout le monde. La veille, des gens l'avaient ramassée alors qu'elle était affalée entre deux poubelles. Elle était très bourrée et avait ajouté des médicaments trouvés dans les poubelles et deux ou trois substances. Si vous aviez pris la moitié de ce qu'elle avait pris, vous auriez peut-être passé l'arme à gauche. Elle, non ! Sa résistance incroyable l'a réveillée, et, douze heures après, elle a expliqué ses regrets avec une lucidité qui a même étonné les psychiatres. Sa peine était dans l'amour, son désespoir dans toute sa pauvreté morale et sociale, et là elle réagissait comme un élan de volonté de vie. Avec lenteur mais application, la machine de l'Assistance publique s'est mise en marche. L'assistante sociale a même trouvé un coiffeur ! Puis une longue hospitalisation a été nécessaire avec ceux qui parlent peu et écoutent beaucoup. Quelques mois après un compte rendu, on apprenait qu'elle était allée en convalescence. Vous dites alors : c'est fini ? Elle est revenue dans le quartier et, avec de l'aide, elle a pu reconquérir le temps du travail et de vivre. S'appliquer à être à l'heure. Elle est d'abord devenue serveuse, sans retomber dans le tonneau ! Puis elle est devenue la compagne du patron. Le bébé est arrivé, mais un chien n'était jamais loin ! Vous la croisez forcément, elle est adorable, elle engueule les punks à chien et elle milite à gauche désormais dans le quartier. Certains la surnomment Louise Michel... Dites-vous que son surnom lui va bien, comme si le courage et l'espoir étaient au coin de la rue.

Assistance à un con en péril

15 avril 2015

Depuis les attentats, je suis encore plus dans la bienveillance, l'attention dans mon exercice médical. Cette histoire m'a fait réagir, car si nul ne peut reprocher à quelqu'un de ne pas faire tous les gestes pour sauver quelqu'un, car le secourisme n'est pas obligatoire et sans devoir de résultat (comment pourrait-il en être autrement ?). Mais dans ce cas, vraiment, le bon sens aurait été nécessaire.

Comme souvent, la belle Jane va faire son jogging dans Paris. C'est ainsi, la vie moderne : il faut se forcer à remuer son popotin de 40 ans passés afin d'évacuer le stress et le faire fuir par les pores avec la sueur. Elle aime faire son jogging. Son mari l'attend et ses trois beaux enfants s'appliquent à leurs tâches d'étudiants en ce début d'après-midi. Elle vit une vie harmonieuse entre sa famille, son travail et la culture. Tout va bien. Mais que s'est-il passé dans son organisme ? 500 mètres après qu'elle est sortie de l'immeuble, elle s'effondre en pleine rue, devant des passants. C'est ainsi que les destins se croisent pour devenir un et les marquer tous par cet arrêt cardiaque. Est-ce à dire que, sans sport, elle ne l'aurait pas fait ? Impossible à dire. Toujours pareil dans ces cas-là, la personne tombe en un vlam dam dam qui sidère tout l'entourage, connu ou inconnu. C'est alors que commence le compte à rebours du jeu de la vie et de la mort : en trois minutes, la mort sera définitive, le temps que l'anoxie lèse irréversiblement le cerveau. Dans ce tempo lugubre, le hasard entre en jeu : soit ça vous arrive devant des gens qui vont faire le massage cardiaque externe ou/et ont un défibrillateur sous la main, soit c'est foutu ! Jane n'a pas choisi : elle l'a fait devant le con. Pas le petit ni le con moyen, non. Elle est tombée devant le super gabarit de connard qui peut entrer dans le *Livre Guinness* des records. Il l'a vue tomber et qu'a-t-il fait ? Il a appelé le Samu pour dire qu'elle était morte ! À la permanencière, qui prend l'appel et qui demande avant toute chose le lieu où il se trouve afin de déclencher les secours le plus vite possible, il répond : « Je sais pas où nous sommes, comment voulez-vous que je le sache, mais elle est morte. » S'il y a bien une chose que nous sommes tous capables de dire à 3 kilomètres près, c'est bien où nous nous situons. D'où un début d'énervement entre eux. Les secondes sont lourdes en urgence, et il finit par indiquer approximativement l'endroit. Aussitôt, les secours sont partis, car la raison de l'effondrement brutal d'une personne dans la rue et qui ne réagit pas est, jusqu'à preuve du contraire, un arrêt cardiaque. Mais la connerie est sans limites : « Ça sert à rien de venir, elle est morte », répète-t-il. À la permanencière, qui lui demande instamment de faire un massage cardiaque, il répond : « Je sais, j'ai été prof de sport, mais là, elle est morte ! » S'engueuler avec un con est inutile, car il ne comprendra rien, il est perdu dans ses illusions et interprétations du monde qui n'existe que dans son cerveau. Le bon massage est celui du cœur. Le temps pressant, l'appel m'arrive et me voici donc au téléphone avec l'impossible. Je dois lui faire faire le massage qu'il dit savoir pratiquer, mais qu'il refuse. Lui opposant que seul un médecin peut dire si quelqu'un est mort, il me rétorque que je n'y connais rien car je suis «celui qu'on voit partout à la télé» d'un ton moqueur. Cherchant un moyen pour qu'il appuie sur le thorax, je lui propose d'appeler d'autres passants. Refus. Je tente l'intimidation avec la non-assistance à personne en péril, le risque pénal... En vain ! Il refuse, répétant qu'elle est morte. Une faille, un soupçon d'intelligence chez le con est indétectable, car ni regret ni autocritique ne l'ébranle, il semble avoir une toute-puissance à dire qu'elle est morte. J'en appelle à son côté humain, mais rien n'y fait et, au bruit des sirènes arrivant, je l'entends raccrocher. Les pompiers et le véhicule du Samu ont foncé vers les lieux en moins de sept minutes. En arrivant sur place, les secours ont vu quelqu'un qui tentait de faire un massage. Mais le con s'en est alors pris aux équipes de secours en les insultant sur leur compétence. C'est un classique pour les médecins de ville ou hospitaliers : se faire insulter et être la cause de tous les problèmes des malades... Afin de rétablir la sérénité sur les lieux, la police l'a embarqué et mis en garde à vue. Nous devons prévenir la police face à une telle situation, non pas pour dénoncer, mais pour signaler les faits. Et là, vous allez rugir d'impatience, car je pose mon joker du nombre de signes maximal pour entrer dans ma case du journal. (À suivre...)

Le con persiste

22 avril 2015

L'un des exercices que j'aime dans un journal, c'est l'obligation par le temps de rendre son papier et de le rendre avec la longueur convenue ou le bon nombre de signes. Quand c'était trop long, j'avais trouvé avec Charb l'idée de faire le texte en deux fois. Il n'y a pas eu de procès ni de condamnation dans cette histoire. Et l'aurait-on sauvée ? Je ne sais pas. Le mari de cette femme milite avec courage pour que dans Paris les défibrillateurs soient mieux accessibles et signalés.

Un bon résumé de situation en médecine se fait en une phrase : Jane avait la quarantaine et faisait son jogging lorsqu'elle a été victime d'un arrêt cardiaque devant un témoin qui a refusé de faire le massage cardiaque. Lorsque des équipes de pompiers et le Samu arrivent sur une scène, c'est comme le jazz : au premier abord, on croit que c'est le bordel, mais en fait c'est précis, rigoureux et efficace. Vous aurez beau critiquer la France, c'est l'un des rares pays où, en quelques minutes, vous avez une véritable équipe médicale de réanimation en pleine rue, quel que soit votre statut social. Pendant que la police tentait de comprendre ce qui s'était passé avec le Con qui justifiait son inaction et son refus de suivre les instructions, la réanimation se mettait en place en trois minutes. L'arrêt cardiaque est toujours une course contre la montre. Plus le temps passe et plus il est difficile de récupérer le malade, comme si la mort détricotait la vie, maille du temps après maille. C'est pour cela que le massage cardiaque est fondamental (il a été prouvé que le bouche-à-bouche est inutile). S'ajoute un élément essentiel : le défibrillateur semi-automatique. Ces boîtes « DSA » que vous voyez dans les trains et certains lieux publics permettent dans certains cas de refaire partir le cœur. Quatre minutes après le début du travail par le Samu, le cœur de Jane était, peut-être, en train de repartir. Dans ce cas-là, nous avons une planche à masser, une sorte de ceinture très impressionnante qui appuie rapidement sur le thorax pour tenter de remplacer le cœur. Car le cœur, au final, n'est rien qu'une pompe très ingénieuse, plus complexe qu'une Rolex et plus importante avant ou après 50 ans. Mais le temps passe et, quinze minutes après l'arrivée des équipes, la malade est conditionnée avec les meilleures techniques modernes, et roule vers un l'hôpital capable d'installer une circulation extracorporelle. Toutes les équipes ont été alertées et l'attendent.

Pendant ce temps, son mari, qui l'attend chez eux et la suit grâce à son smartphone, la voit repartir, après une pause un peu longue, en battant tous les records des joggeurs vers la Pitié ! Paradoxe sordide du monde moderne : il ne sait pas ce qui se passe et voit un petit point bleu s'en aller sur la carte vers l'hôpital. Pendant ce temps, le Con a été placé en garde à vue. Les questions étant nombreuses : il a alerté les secours, mais pourquoi n'a-t-il pas voulu faire le massage cardiaque que je lui réclamais pour tenter de sauver la patiente alors qu'il savait le faire, étant « ancien prof de sport », comme il l'indiquait ? C'est toute la relativité de la non-assistance à personne en péril. Où commence-t-elle ? Vous passez dans la rue devant un homme allongé, bourré, vous ne faites rien... Nous l'avons tous fait. Pourtant, il est en danger. Vous appelez les secours, mais est-ce suffisant ou devez-vous obéir à leurs directives, bien que vous ne soyez pas forcément formé ? Certains médecins ne veulent pas parler de ce sujet, par peur que les gens en fassent encore moins. Pourtant, la société se professionnalise de plus en plus dans son secourisme... Malgré tous les efforts des équipes, le cœur n'est pas reparti, et la belle Jane est morte à l'hôpital. Est-ce une maladie ou un grand trouble du rythme cardiaque, nul ne sait. Son mari a suivi le GPS jusqu'à l'accueil de l'hôpital, où elle était inscrite sous X car elle n'avait pas de papiers et la police cherchait qui elle était... Le Con, lui, est en attente de la décision du parquet, mais il ne risque rien. La famille ne portera pas plainte, mais elle a réussi à le rencontrer, ce qui a été très dur pour lui. Aurait-il sauvé Jane en faisant le massage cardiaque tout de suite, nul ne sait, mais, en ne le faisant pas, il ne l'a pas aidée. Vouloir refaire le passé ne rime jamais à rien, mais en tirer les conséquences peut être utile. Par exemple en signalant mieux la présence des défibrillateurs sur les lieux où les gens font du sport.

Les queues libérées

6 mai 2015

Vous avez remarqué comme les magazines hebdomadaires vous remettent les mêmes numéros chaque année, prouvant leur médiocrité : le logement, les hôpitaux, les religions, les francs-maçons... et bien sûr comment avoir un sexe géant si possible ? Charlie Hebdo *a toujours parlé de sexe comme avec le talent d'Antonio Fischetti ou les dessins de Wolinski. La face cachée du sexe, c'est le savon !*

Mais y en a ras le bol de parler sans cesse des êtres humains ou des GRANDS animaux !

Y en a que pour les visibles et rien pour l'infiniment petit. Il faut penser à ces milliards de bactéries qui peuplent votre peau et votre tube digestif. Ah non, ce n'est pas si sale, c'est la symbiose et le commensalisme de la vie... À ces échanges permanents qui sont les cauchemars des hypocondriaques et de ceux souffrant de troubles obsessionnels compulsifs. Cette monstrueuse guerre écologique est invisible à vos yeux, inaudible à vos oreilles, mais elle est pourtant un enjeu majeur de santé publique. C'est comme le caillou qui fait tomber le château, le détail qui tue l'invisible, la braguette ouverte du prince sur la photo... avec ce problème majeur : la résistance des bactéries aux antibiotiques qui engendre déjà des problèmes de soins. Sans oublier, car ils se vexeraient, les parasites et les virus dont le récent épisode de grippe a montré de nouveaux champs de connaissances à conquérir. Ces petites bestioles, tout le monde s'en fiche, jusqu'au moment où, comme Aline, ça commence à gratter. D'abord la petite gêne. Puis crescendo jusqu'à la grattouille, et le drame lorsque, dans sa petite culotte en soie, une petite flaque verdâtre sort dans son intimité, ça fait tache ! Sans oublier l'odeur un peu fétide, mais que certains hommes aiment sous la langue. Il est d'usage chez les êtres humains de cacher les choses du périnée. Les religions nous ont tous entraînés vers des frustrations idiotes sur les organes sexuels. Alors que ce sont des organes comme les autres, avec une physiologie particulière. Ah, si les religions devaient rembourser à la Sécurité sociale tout le mal qu'elles ont fait à l'humanité en matière de santé, nous pourrions soigner le monde entier et mettre un scanner dans toutes les demeures. Aimer le savon comme le sexe ! Mais Aline n'a pas besoin d'imagerie, mais de comprendre ce qui se passe en bas de chez elle. Cette douleur est devenue une brûlure intense, intenable. Pas de doute, une belle infection vaginale, banale et à soigner rapidement. Mais... il faut soigner le partenaire. Mais lequel ? me répondit-elle. Il ne s'agit pas encore de lancer des noms vulgaires sur cette femme qui vit en 2015 et en profite. Qui pourrait lui en vouloir ? Les moralistes, les anti-mariage pour tous ? Mais, d'après mon expérience personnelle et professionnelle, la polygamie est polymorphe, et dans toutes les couches sociales, et souvent chez les plus donneurs de leçons. Toujours est-il qu'après réflexion, et après avoir fait le tour de ses amants de chaque jour de la semaine, elle utilise pour tous des préservatifs, sauf un, celui qu'elle aime. Mais alors ? À sa question de savoir comment une telle infection est possible, le terme même d'infection sexuellement transmissible lui donne la réponse ! C'est alors que lui est revenue la conversation avec sa meilleure amie. Il y a quelques jours, elles papotaient comme toujours pour l'apéro et sa super pote lui expliqua en absorbant des comprimés qu'elle sortait d'une infection génitale avec bactéries et sauce aux champignons. Elle n'eut qu'une idée à parcourir pour se dire que son don Juan se tapait aussi sa meilleure amie... Un classique, direz-vous. Mais la question est profondément sexiste : pourquoi le mâle ne met-il pas d'emblée son préservatif, pourquoi, avant le labeur, est-il fréquent que la femme se lave et le mâle se sente parfois fort et ne se frotte pas ? Toujours est-il que, après plusieurs doutes et quelques SMS échangés, la meilleure amie venait de perdre des points et qu'un homme allait dormir un peu seul désormais et pour quelque temps. Vous devriez vous amuser à trouver le cheminement des bactéries et mycoses que vos partenaires vous ont refilées... Vous seriez surpris de voir qu'en fait vous êtes dans une tribu d'épicuriens qui ne se refusent rien, mais qui devraient utiliser un peu plus de savon avant de baiser, et que tout ce petit monde a raison d'en profiter, car tant qu'il y a de la vie, il y a de l'amour... *Carpe diem,* camarades !

San Francisco or mad in the city

13 mai 2015

Après un traumatisme comme nous avons vécu, les départs en voyage ne sont pas faciles. Il faut se forcer pour tout. Tout est lutte pour continuer, mais chaque jour il y a un petit progrès. Il faut aussi s'obliger à faire des choses nouvelles qui ne feront rien oublier mais aident à se construire. Là-bas j'ai vu leur échec en psychiatrie.

San Francisco a vu naître l'Amérique et ses paradoxes : des conquérants à la ruée vers l'or, le mouvement hippie, le Flower Power, l'invention par Levi Strauss des jeans, Alcatraz et la ville en pointe contre le réchauffement climatique. Dans cette ville, il y a les sièges sociaux de Twitter, Firefox, Google... qui montrent la modernité du nouveau millénaire avec les réseaux sociaux, et au pied de ces immeubles vous voyez la plus grande précarité comme abandonnée, avec des SDF, et aussi celle des malades psychiatriques. Tôt un matin, une femme en pyjama déchiré montrant son corps sale, la chevelure hirsute, le teint blafard, le visage bouffi, titube en vociférant, les mains tendues vers le ciel. Pieds nus, elle attend et regarde les feux du passage piétons sans avancer. Elle n'est pas méchante. Une voiture de police passe. Des femmes et des hommes avancent promptement vers leurs tâches et ne semblent pas s'inquiéter d'elle. Je reste là un moment pour voir si un service de secours va venir la chercher, mais les amis qui m'accompagnent m'expliquent que c'est comme ça ici. Les malades psychiatriques sont dans la ville depuis la fermeture, par économie, des centres hospitaliers psychiatriques qui les accueillaient. Certes, certains centres psychologiques font la charité, mais plus de travail au long cours. Il y a quelques années, l'État de Californie a réduit considérablement les budgets pour la santé, et la Ville n'a pas fait face à la psychiatrie. Les malades ont alors été poussés à la rue. Ils se retrouvent livrés à eux-mêmes, sans soins. C'est au-delà de la pauvreté, c'est un abandon de tout. Se promener dans San Francisco, c'est feuilleter toute la sémiologie psychiatrique ! Vous ne les verrez pas trop la journée, car ils se cachent dans les recoins des rues, dans les parkings. C'est la nuit ou le matin qu'ils sortent pour fouiller les poubelles pour chercher à manger. Certains sont en bande, comme deux d'entre eux qui sont passés à côté de moi avec des sortes de grands chariots chargés de sacs-poubelle et de papiers d'aluminium. Leur accoutrement évoque des enfants qui se seraient déguisés et ne laisse aucun doute. Ce sont deux délirants qui pensent recevoir des ondes cosmiques : une paraphrénie typique (délire avec hallucinations). Ils marchent vite pour nulle part et partout à la fois. Un peu plus loin, j'entends un homme, grand et maigre, sur une sorte de muret, qui hurle « Jésus est là ! » ; pour la suite, je n'ai pas tout compris tellement ses propos semblaient mystiques et délirants. Un peu plus loin, un homme, sans doute schizophrène, avance habillé comme un moine. Il pose des petits cailloux sur les façades. Pourquoi ? Où va-t-il ? Bien loin de la maison bleue... Plus loin, à une entrée de métro, de jeunes hommes, tels des hippies des années 1970 sur le retour, cuvent en fumant des joints. Ils ont le profil de psychotiques, très maigres, les yeux exorbités. La vente et la consommation de cannabis sont libres, sous couvert plus ou moins d'usage médical... Après tout, fumer des joints va sans doute calmer leurs angoisses. Un flic, à côté d'eux, ne semble pas les ennuyer. D'ailleurs, tous ces SDF embêtent rarement les autres gens, comme si les deux groupes cohabitaient sans trop se voir. Comme les températures sont clémentes sous le soleil de Californie, ils squattent les bancs et recoins en faisant la manche, comme cette vieille femme qui s'est coincée, comme en prison, entre la grille d'un magasin fermé et la porte d'entrée. Elle dort avec un petit chien et un baluchon. Que produirait la fin d'un système de santé ? Avant tout la fin de la psychiatrie et un volcan en ébullition de pathologies livrées à la seule physiopathologie. San Francisco semble être un modèle du genre et montre l'urgence de ne pas laisser le tout-économique tuer la santé.

Ça porte pas bonheur

20 mai 2015

En fait, ce texte devait être fait sur une double page avec les dessins de Luz, Riss, Charb, Tignous, Cabu, Catherine… et puis comme souvent je laissais traîner l'idée. J'en ai fait un petit texte qui va vous changer votre vie intime…

C'est avec plaisir que je vous annonce que vous êtes un producteur très actif !

Certes, c'est de la merde, et beaucoup n'ont que ce talent dans la vie pendant que les autres l'évitent. À chaque selle, ce sont environ 10 milliards d'entérobactéries et virus qui sortent de l'anus. N'ayez pas peur, ils ont toujours été là et le système immunitaire nous protège souvent. Une étude récente dans plus de 28 hôpitaux a cherché des solutions aux infections nosocomiales (infection potentiellement grave que vous attrapez lors d'une hospitalisation). Il est classique et médiatiquement facile de parler du lavage des mains. Un peu plus délicat d'expliquer les toilettes intimes et les soins quotidiens. Mais parler des chiottes, de l'évacuation des selles et du lavage du cul, ce n'est pas très facile dans la presse people, qui draine beaucoup de merde. Et pourtant : ce lieu est partout présent. Montrez les toilettes chez les particuliers, les cliniques, les lieux publics ou les restaurants… et vous aurez une idée assez précise de l'hygiène et des risques que vous frôlez. Dans les hôpitaux, c'est pire que ce que vous pensez, car 13 % des malades utilisent des bassins. Vous savez, ce pot en plastique inconfortable et régressif pour les malades qui ne peuvent se lever. 43 % des malades ont des couches ! Eh oui, comme quoi la vie est une parenthèse entre deux couches, de la naissance à la fin. Enfin, 61 % des lits d'hospitalisation ont des chiottes partagées. Comme chez vous, en fait ! Alors, les chercheurs ont eu l'idée de mettre des petites boîtes de cultures bactériennes autour des toilettes et de laisser les gens aller faire leurs besoins. Résultat : les bactéries pullulent dès que vous faites vos besoins, tel un nuage d'attaque biologique. Ainsi, les cabinets de toilette intégrées dans la salle de bains la transforment doucement en immense salle de bactéries venues du tube digestif.

Pire : ils ont mis en culture les brosses à dents et les affaires de toilette qui étaient à côté des chiottes… Tout est contaminé ! Vous vous lavez les dents avec les bactéries du voisin ! Alors ils ont regardé ce que faisaient les douchettes de toilettes, souvent utilisées dans les hôpitaux : des geysers de germes avec projection nuageuse ! Ils ont examiné les tenues des médecins, les blouses des infirmières, les toilettes des blocs opératoires… Nous croyons être propres, et en fait nous sommes tous porteurs des projections de merde. Allez aux toilettes ou en guerre bactériologique. L'incidence dans les hôpitaux est majeure, car les infections nosocomiales viennent par là aussi. De plus, la récolte des selles et la propreté ont un coût financier comme des changements d'habitudes ! Par exemple, les lave-bassins ont été achetés aux États-Unis, mais conçus pour leurs modèles de bassins fendus au milieu, comme les cuvettes de leurs toilettes. Mais en France nous avons pris des bassins avec des cuvettes circulaires… Bilan, les machines ne les nettoient pas à fond et ils sont rarement propres, contaminant l'utilisateur. Il va falloir en acheter d'autres et ça va coûter des millions, sans oublier le détail :

dans 65 % des cas, ils sont en panne au moins une fois par an. Pour conclure, les chercheurs ont regardé les pratiques des personnels et des gens pour se nettoyer le cul après les selles... Catastrophique : les bactéries sont sur les mains, sur les vêtements et en particulier sur la cravate des hommes. Ainsi, les malades qui partagent les mêmes toilettes partagent, au bout de quelques jours, les mêmes bactéries digestives et se repassent des maladies ! Enfin, et peut-être le pire : les antibiotiques entraînent des résistances incroyables de la flore biologique digestive que vous déversez dans les égouts. L'incidence sur l'écologie est considérable. C'est donc toutes les chiottes qu'il faut revoir afin que nous ne soyons pas des bombes humaines à fragmentations multiples bactériennes. Alors, que faut-il faire ? Avoir des toilettes séparées de la salle de bains, se laver les mains avant et après, fermer la cuvette avant de tirer la chasse et utiliser de l'eau de Javel diluée le plus souvent possible. Ainsi, l'un des lieux les plus tabous doit se moderniser pour ne pas mettre la santé publique dans la merde.

C'est par où, demain ?

27 mai 2015

La médecine est encore au XIX*e siècle par certains côtés, parfois au* XX*e mais pas encore au* XXI*e siècle. La cybermédecine, des objets connectés qui surveilleront en permanence la fréquence cardiaque, la pression artérielle, le sommeil, la diurèse, le poids, mais aussi le typage génétique qui pourra vous dire les maladies qui vous attendent... on y est, mais comment être heureux ne sera jamais réglé avec une application de smartphone !*

À 75 ans, Odette a presque toutes ses dents, un moral bloqué sur l'optimisme et la joie malgré son corps qui s'affaisse comme pour entrer dans la terre. Elle aime la culture, ses voisins et regarder les films de sa jeunesse. Elle prend chaque jour son traitement pour l'hypertension artérielle, un antiarythmique, car son cœur, à force de tomber amoureuse, bat la chamade (à moins que ce soit le temps, mais c'est moins poétique), des comprimés pour diminuer le cholestérol car elle aime particulièrement le fromage et la charcuterie, des gélules pour que les os ne soient pas en poussière. Elle vit seule dans son petit appartement de quelques dizaines de mètres carrés dans une rue de Paris, qui coûte le prix d'une grande maison en province avec jardin et vue sur la mer ou la montagne. Mais elle préfère ce Paname frénétique, et puis l'Émile, son homme devenu squelette, n'est pas loin, au cimetière de Passy. Chaque soir, elle appelle le Samu pour poser les mêmes questions. Puis raccroche une fois rassurée. Mais ce soir elle est plus angoissée que d'habitude. Son cœur fait la grosse caisse d'AC/DC, alors une équipe est partie l'examiner, puis l'a emmenée en unité cardiologique pour surveiller sa chamade. Elle n'a rien de bien grave et elle pourra retourner chez elle, à ses habitudes et à ses livres. 2130, Zoé a 95 ans, imaginez qu'elle soit l'arrière-petite-fille d'Odette. Elle vit dans un tout petit appartement dans Paris. Elle est dans un immeuble communautaire pour les pauvres, où il n'y a jamais d'imprévu. Elle ne voit pas beaucoup de monde, car, par économie, tout est robotisé et informatisé. Elle ne parle plus qu'à un robot très aimable et à la chaleur humaine plastifiée. Elle a vue sur les mers et les montagnes avec son casque en 3D. Pour sa santé : tout est surveillé en permanence grâce à des capteurs, et l'ordinateur lui corrige ses traitements à la moindre variation, à une heure près, en fonction de multiples paramètres : son poids, sa taille, sa température, son hydratation... Elle a eu une dizaine de cancers traités par nanoparticules. Elle a des médicaments différents tous les jours.

Mensuellement, elle avale des tas de capsules pour tout contrôler : une sorte de vie en scanner ! Elle ne mange plus que des compléments alimentaires et des produits reconstitués, car c'est plus économique. Elle a demandé que sa vie ne s'éternise pas trop, mais le logiciel central en a décidé autrement : une surveillance filmée renforcée en permanence est faite et elle doit faire des tests quotidiens pour son moral ainsi que des exercices pour retrouver la pêche, même si elle n'en a pas envie ! Ce n'est pas de la science-fiction, mais bel et bien ce qui est en train d'arriver. Google comme Apple et tant d'autres investissent la santé et vont tout changer grâce aux nouvelles technologies. La médecine d'aujourd'hui est déjà dépassée par les clouds. En permanence, des infos vont arriver à des capteurs de surveillance, qui adapteront vos traitements et les diagnostics. On ne va plus vivre, mais être malade en bonne santé ! De plus, les typages génétiques vont pouvoir être faits, et ainsi, ou hélas, vous saurez dès la naissance si vous êtes porteur de gènes entraînant des maladies. Les anxiolytiques vont avoir de gros dividendes ! Si tout cela n'est pas réfléchi et encadré, les grandes multinationales vont conquérir le domaine de la santé avec des montres, des nanoparticules, des capsules et autres capteurs. Toutes ces infos partiront sur le Web, comme une sorte de cybersanté. Qui aura ces données ? L'industrie pharmaceutique et agroalimentaire, les assureurs, les banquiers ? Bien sûr, cela peut être un progrès considérable pour l'humanité et la médecine du nouveau millénaire. Mais, en quelques clics, il sera possible de faire consommer des tonnes de médocs en plus et qui seront justifiés par les logiciels. Mais, en même temps, les traitements au long court sont-ils aujourd'hui justifiés, car souvent très insuffisamment surveillés et adaptés ? Si demain se prépare tout de suite, les pouvoirs publics ont déjà un retard phénoménal pour ces nouveautés de surveillance. Les sites de conseils médicaux ne sont qu'un aperçu de ce qui va arriver par ces multinationales qui veulent prendre bien soin de votre santé, mais en euros.

Avec et sans malheurs

3 juin 2015

Charb me faisait très souvent des dessins pour les mobilisations sociales pour défendre l'hôpital public. Nous avions le même goût pour le travail des personnels qui se tapent des boulots répétitifs ou qui subissent des responsables pervers narcissiques, et il y en a beaucoup dans les hôpitaux.

Héloïse a 24 ans. Elle a toujours voulu faire ce métier d'infirmière à l'Assistance publique-Hôpitaux de Paris. Elle a payé ses études en faisant de petits boulots et, à ses heures libres, elle filait à la caserne pour être sapeur-pompier volontaire. Son métier, c'est sa vie, ou le contraire... Depuis deux ans, elle bosse dans un service de chirurgie et elle en a marre. Pas du métier. Pas des malades. Pas des familles. Pas de l'impolitesse de rares crétins. Pas des moments difficiles, comme lorsqu'elle prépare les cadavres avant leur aller simple pour la morgue. Elle en a marre de ses deux heures de transport par jour, parce que se loger à Paris est impossible. Marre de devoir remplacer le manque d'effectifs. Marre du matériel défectueux. Marre des rendez-vous annulés pour les malades... et du scanner qui est en panne. Marre de ne pas voir un peu de douceur dans l'hôpital, qui annonce encore des économies. Avec ses 1 500 euros par mois, elle doit choisir : sortir au théâtre ou boire de la bière. Sa vie est difficile au quotidien, comme pour beaucoup, mais elle ne la changerait pour rien. Elle en fait, des heures supplémentaires, même qu'elle voudrait bien qu'on les lui paye, mais sa cadre a reçu des ordres d'en haut : il faut faire des économies. Alors elle les met en jours de RTT… Un leurre ! Elle peut rarement les prendre, elle en a même perdu l'an dernier à cause d'une erreur de logiciel. Elle a l'impression de faire 35 heures par jour certaines journées, tellement il y a de boulot par manque de personnel. Héloïse est gentille, alors quand il manque quelqu'un dans le service, elle reste. Mais elle n'en peut plus de ces conditions de travail, de cette organisation kafkaïenne, d'une hiérarchie fantôme et maladroite. Héloïse le vit comme un irrespect de son travail. Elle rêve de changer le logiciel de l'ordinateur avec un marteau, elle rêve de réparer le scanner qui est en panne, que le malade monte au bloc à l'heure, que l'interne réponde, que les médecins viennent à l'heure… La liste est longue, alors ses jours de RTT, elle y tient plus que tout, juste pour pouvoir vivre un peu. Elle songe parfois à tout plaquer et à s'installer en libéral…

La perspective de travailler six minutes en moins par jour et de perdre cinq jours de vacances, elle n'en veut pas ! Déjà qu'elle travaille une demi-heure de plus par jour pour finir le boulot afin de ne pas surcharger ses collègues, ou pour dire quelques mots au malade angoissé qui part au bloc… Selon le ministère, plus de 60 000 infirmières ont arrêté leurs activités, alors qu'on en cherche dans les hôpitaux. Selon les études, 20 à 30 % des personnels sont en burn-out. Paradoxe de ce pays meurtri par le chômage : incapable de donner un élan social nouveau dans un secteur où il est nécessaire de créer de l'emploi. Les jours de RTT cumulés se chiffrent au moins à 75 millions d'euros pour l'AP-HP, et, à cause de la dette, il faut faire des économies et supprimer 4 000 emplois ! Ou bien, comme le propose le directeur général de l'AP-HP, rendre 5 RTT par agent. Le problème, c'est que les personnels n'ont pas envie de payer le déficit ni de perdre leurs jours de vacances. Quelque chose ne fonctionne plus dans l'ascenseur social des hôpitaux. Vingt ans de restrictions financières, de fermetures, de plan d'économies en plan d'économies, et rien ne s'améliore. Sarkozy avait inventé l'hôpital-entreprise et il en a fait une usine à gaz pour l'asphyxier. La réorganisation en pôles a créé une hiérarchie technocratique délirante qui a cassé la cellule essentielle de l'hôpital : le service. Il y a un énorme chantier de modernité et d'organisation que Martin Hirsch a eu raison d'ouvrir, mais comment se sortir d'une équation quasi impossible sans effacement de la dette ? Les pouvoirs publics, les économistes de Bercy, oublient que, lors des crises, de la grippe à la pollution, des cancers aux attentats, du quotidien à l'exceptionnel, les hôpitaux et leurs personnels sont là. L'enjeu de ce conflit est bel et bien le respect du travail. Il est urgent que les syndicats et la direction se remettent autour de la table. Mais est-ce à Héloïse et aux autres de payer les erreurs des pouvoirs successifs afin d'éviter les suppressions d'emplois ? Au bout de la chaîne de ces dysfonctionnements, il y a les malades et les salles d'attente qui débordent... et le scanner qui est en panne.

Sous les dalles... 68

10 juin 2015

Mon petit plaisir était d'écouter Cabu et Wolinski ou Cavanna et Polac parler des années 68, de cette liberté conquise contre les morales catho, contre la France de l'après-guerre. Cabu portait la liberté et la joie de vivre.

L'image des personnes âgées est obsolète. Bien souvent, on imagine une sorte de Jean Gabin en fin de tournage ou une Tatie Danielle, des musiques d'un répertoire des années 1920, des nappes à carreaux et la souffrance de la décrépitude du corps, avec un moral en berne, à ressasser le refrain « c'était mieux avant ». Avec l'allongement de l'espérance de vie et les traitements modernes, les vieillards des années 1950 ne sont pas du tout les vieux d'aujourd'hui. Il ne faudrait pas les prendre et nous prendre pour plus vieux ou régressifs que nous ne sommes avec le temps qui passe. Attendez-vous à être surpris, car la génération rock'n'roll, celle de Woodstock, du pouvoir des fleurs et du peace and love, commence à débarquer dans les maisons de retraite, mais ne veut pas d'un soleil vert. La révolution culturelle du vieillissement est en marche. Ça va swinguer chez les prothèses de hanche ! Michel a connu toutes ces époques et les a traversées avec l'allégresse des hippies. Le quartier Saint-Michel, en plein centre de Paris, le connaît bien. Il avait plus de 30 ans en 68 et il est resté bloqué à cette époque toute sa vie. Ses combats, il les a toujours faits dans son triangle jardin du Luxembourg, Hôtel de Ville, Assemblée nationale. Ce n'est pas Katmandou, mais on fait ce qu'on peut... La beauté est dans la rue, et il l'a cru au trottoir près ! Sous les pavés, la plage, comme disait l'autre... Il a toujours lu *Libé*, *L'Huma* et *Charlie*. Une sorte de gymnastique intellectuelle qui lui a permis de tenir des débats dans son troquet. Peut-être a-t-il cru que l'élan de gauche de 68 n'était qu'un début et que le combat devait continuer. Dans l'entrée de son très petit appartement, il y a l'affiche de la force tranquille et de l'espoir du 10 mai 1981. Et plein de photos jaunies entourant des posters rock. Résister en rock'n'roll, c'est moins chiant. Il n'y avait pas que les joints roulés chaque soir avec son herbe maison. Il y avait aussi l'alcool. Parfois, il y a des vies qui méritent d'être bues tellement elles sont difficiles à tenir. En mai 1968, il est tombé amoureux, non pas d'un taux de croissance, mais d'une jeune femme qui est vite tombée dans l'héroïne. Il ne s'en est jamais remis. Il a voulu toujours aimer et ne jamais faire la guerre, mais comme son amour n'était plus là... Cours, camarade, le vieux monde est derrière toi, disait l'autre. Lui, il n'avait plus de jambes, mais un foie. Alors il a tout bu. Les pompiers sont allés le ramasser plus d'une fois sur son trottoir ou dans un café. Il allait régulièrement finir ses bitures aux urgences de l'Hôtel-Dieu ou de Cochin. Certes, des assistantes sociales, des psychiatres ont bien tenté de l'aider. Lui interdire l'alcool, le tabac ? Mais il est interdit d'interdire, disait l'autre, et Michel s'est doucement interdit d'obéir à sa santé, et sa réalité a bouffé ses désirs. D'après le patron du bistrot qui jouxte son rez-de-chaussée, il était toujours volontaire pour un débat, une cause écolo, et il ne fallait rien dire contre 68. Il est resté jeune, même après 80 ans. Lorsque le crabe a commencé à habiter ses poumons, il a tenté de ne rien changer à ses habitudes. Il est allé à l'hôpital, sans jamais se plaindre. «Je ne veux pas perdre ma vie à la gagner» est marqué sur un papier sur un tabouret à côté de son lit, comme si ces mots devaient entourer ses derniers regards et son dernier souffle. Il faisait croire aux toubibs qu'il avait cessé tout alcool et tabac. Qui pourrait lui en vouloir, vu l'état d'avancement de sa maladie, qui était incurable dès le diagnostic posé ? Quelques jours avant qu'il meure, les voisins du quartier l'ont vu moins alerte, et un libertaire pacifiste qui ne discute plus avec la presse fraîche sous le bras, c'est mauvais signe. Chaque soir, il écoutait les Rolling Stones ou Bowie. Comme il était sourd, il mettait le son un peu fort en écoutant des vinyles. Les voisins ne disaient rien et avaient l'habitude. Peut-être a-t-il fini par «Sympathy for the Devil». Les murs ont des oreilles, vos oreilles ont des murs, et lui avait les oreilles dans le mur d'enceinte. Ce soir-là, ce fut plus fort que d'habitude et c'est l'étudiant qui a alerté les secours... Peut-être va-t-il trouver du sable sous terre ou un peu d'herbe, histoire que 68 ne soit pas mort pour rien...

Rien qu'une fois

17 juin 2015

On devrait chercher plus souvent le romantisme et la poésie dans le quotidien. C'est peut-être pour cela que j'aime bien les expositions d'art contemporain, des surréalistes… Ils trouvent dans le quotidien ce que nous ne voyons plus, comme si nous étions aveugles et sourds.

Lorsque vous prenez une garde de nuit à l'hôpital, vous ne savez jamais très précisément ce qui va se passer. Tout est calme. Le café imbuvable devient bon avec le sourire des collègues, il coule à flots dans les tasses usées ou les gobelets en plastique, jusqu'au bout de la nuit. J'ai de la chance, ma tenue n'est pas trouée et la braguette n'est pas cassée. Les collègues racontent les interventions des derniers jours qui les ont marqués. C'est une sorte de psychothérapie de soutien à la fois conviviale et très sérieuse. À combien montent nos pressions artérielles lorsque le bip sonne pour partir en intervention, je ne sais pas, mais en un instant les visages changent, les voix deviennent sérieuses, les gestes précis, et le véhicule du Samu roule. Les gyrophares et les lumières donnent aux façades des immeubles une apparence de fête, de douceur, comme pour embellir l'action. Le bleu va si bien à la nuit. Par contre, la sirène, le pin-pon, fait un bruit d'enfer et brise le silence nocturne. Ce son et lumière transforme les rues en boîtes de nuit et fait sortir de leur sommeil un paquet de Parisiens. Mais je parle, je parle, et nous voici arrivés sur les lieux de l'accident. Banalité des conséquences de l'ivresse. Un jeune couple en pleine période de séduction est tombé de scooter. Le jeune garçon n'a pas vu le socle d'un feu rouge. Comme c'est le printemps, que le temps est doux, l'un et l'autre sont très élégants et donc pas du tout protégés pour affronter un choc à environ 40 kilomètres-heure sur le bitume. Après un dîner et la rituelle tournée des bars que les amoureux adorent faire, ils ont roulé bourrés. Et vlam dam dam. La rue est calme, tout le monde descend des véhicules de secours et s'applique à apporter les premiers soins. Lui ne va pas bien, car il a enfoncé son thorax dans le guidon du scooter. Elle a la cuisse en charpie et une impressionnante fracture du membre supérieur.

Soudain, un piano s'invita dans le duo du silence de la nuit et des bruits des gestes médicaux et des secours. D'où venait ce son ? Impossible à savoir, car les façades haussmanniennes ne parlent pas facilement. Les notes du piano se sont posées sur nous comme des gouttes d'eau pour calmer la chaleur du stress. Il y avait un côté fellinien, surréaliste, entre le malheur de l'urgence et la musique, au point que tout le monde a commencé à écouter tout en travaillant. Un simple piano jouait, sans artifice de sonorisation, juste une fenêtre ouverte et un jeu impeccable, doux, calme, apaisant. Nous avons tous fait attention à ne pas faire trop de bruit, car une sorte de bulle de poésie était tombée sur la rue et la violence de l'accident. Quel génie, quelle intelligence, a eu le bon goût de se dire qu'en ouvrant sa fenêtre malgré l'heure avancée de la nuit et en jouant du piano pour les secours il nous aiderait à nous concentrer et à calmer le poids du stress ? Tout ceci n'a pas duré le temps d'un concert, car il fallait aller vite, mais le temps d'une sonate, de quelques pages de solfège. Une fois les victimes conditionnées et mises dans les véhicules de secours pour partir vers les hôpitaux, la rue était calme. Il restait les lumières bleues et jaunes et le piano avec le noir et blanc de ses touches qui continuaient de rompre la monotonie de la nuit avec l'élégance et le charme discret de la musique. Non, la police n'a pas invoqué le tapage nocturne ; car nous faisions plus de bruit que monsieur piano. Vous ne me croirez pas : juste avant de remonter dans le véhicule pour partir pour l'hôpital, j'ai écouté un instant la mélodie, qui a ralenti et s'est terminée par un point d'orgue magnifique. Les deux s'en sont sortis sans trop de dégâts pour le futur et pourront s'aimer et retomber de scooter. Mais le piano n'y est-il pas pour quelque chose, dans leur guérison ? Allez savoir…

À table ou au bloc !

24 juin 2015

Je ne supporte plus de voir le gâchis alimentaire dans les hôpitaux. Au-delà de son coût, c'est une question de philosophie. Avoir des animaux tués et que tout finisse à la poubelle pendant que d'autres à l extérieur de l'hôpital ont faim, c'est n'importe quoi !

Alors, comme ça, vous croyez que la bouffe à l'hôpital est une boutade, une blague, un réservoir à sketches ou à scènes de films rigolos. Comment dire que la réalité est... pire ! Être malade n'est pas drôle, mais est-ce pour faire rire les patients qu'on leur sert des repas souvent immangeables ? Du petit déjeuner au repas du midi et au dîner, les malades espèrent une bonne assiette, histoire de se changer les idées par le goût. Mais la madeleine de Proust est rance. Certes, pour certains, c'est le dernier repas, mais est-ce la peine de les punir par une piètre alimentation ? Il n'est pas question de demander des repas de fête, mais quand même ! Le personnel prépare les repas très tôt le matin, car il faut nourrir tous les malades avec des régimes différents, du sans sel au sans cholestérol, du riche en potassium au pauvre en fibres, du riche en protéines au régime diabétique... Vous imaginez la gestion complexe de ce système. En plus, depuis quelque temps, les religions s'en mêlent, et là c'est un choc alimentaire, entre laïcité, sciences médicales et prosélytisme religieux. Il est facile de comprendre les goûts et les couleurs, mais si l'assiette devient un champ de guerre de religions... Ça devient très compliqué. Commençons par le début : le café. Qui a envoyé les stocks des Alliés du 6 juin 1944 dans les hôpitaux ? Certes, après bientôt trente ans passés dans les hôpitaux, nos estomacs se sont habitués à ce liquide noir au goût de terre, aigre comme une odeur de pied. Boire du café est généralement le premier contact avec quelqu'un, mais là, le lien convivial devient lavement. Ou alors il y a le thé, qui a été sans doute récupéré, lui, dans les réserves de la guerre de 14-18. Franchement, il a le goût d'une infusion de foin de bord d'autoroute. Impossible de vous dire les marques, certains ont tellement honte de leurs produits qu'il n'y a plus de nom... Jus d'orange et beurre sont les mêmes que dans le commerce, à ceci près qu'il faut toujours vérifier la date de péremption, car, pour faire des économies, les hôpitaux achètent parfois, comme dans les commerces à petits prix, des produits qui vont être périmés dans quelques jours. Oublions le pain, souvent rassis.

Passons aux tentatives de repas du midi : l'idéal est de ne pas avoir faim. Et comme vous êtes malade, c'est une éventualité. Malgré l'effort des diététiciennes, entre une viande insipide et bouillie, il faut choisir, ce n'est pas simple. Mais quand même : se dire que tous ces animaux ne seront jamais mangés est un immense gâchis. Sans compter le nombre de pattes de poulet qui me font penser qu'une bête à 50 pattes a été inventée, tellement il y en a. Ah non, ne me parlez même pas du poisson... Si la mer voyait ce qu'on fait de ces pauvres bêtes, elle se soulèverait plus vite que par le réchauffement climatique. Régulièrement, je vois arriver des barquettes de centaines de colins, de merlus que personne ne mange et qui finissent à la poubelle.

N'importe quel cuisinier vous dira que cuire un poisson est compliqué et nécessite du raffinement pour arriver dans votre assiette et avoir du goût. La chaîne de préparation transforme le poisson en éponge usée à l'eau de vaisselle. Ne parlons même pas de la chaleur des repas, car il est souvent très difficile de manger chaud. Restent les desserts: souvent achetés en masse dans des fins de stocks ou les invendus de fruits. Quant au souper du soir... bref, vous imaginez... Le gâchis alimentaire est quasi institutionnalisé dans les hôpitaux. Tout le monde y perd. Le budget de l'hôpital comme les malades et surtout les animaux tués pour être jetés pendant que, dans la rue, d'autres ont faim. Curieux paradoxe. Alors vous allez dire que je serais trop exigeant. Mais lorsque vous allez dans un palace, vous en avez pour votre argent. Or une chambre d'hôpital coûte plus cher qu'une chambre de luxe. Le Grenelle de l'environnement avait juré que le bio arriverait dans les hôpitaux. Il n'a jamais trouvé la porte d'entrée. La faute à qui ? Aux économies qui ont été allègrement faites en supprimant le personnel des cuisines, en regroupant les achats et, surtout, en externalisant la bouffe de l'hôpital à des grandes firmes agroalimentaires, avec comme but toujours moins cher, à en rendre malades les malades. Un bon conseil si vous êtes hospitalisé: emportez des rations de survie.

Le dormeur du Val

1er juillet 2015

Charb adorait les coiffes militaires, alors dès que lui ou moi en trouvait une je la lui apportais. Il avait fait un poster avec toutes les têtes des gens de Charlie *avec les chapeaux des militaires de l'URSS… Depuis cette chronique, le Val-de-Grâce est fermé.*

Rimbaud a sans doute laissé quelque chose sur le boulevard du Montparnasse, coincé entre l'hôpital Cochin et des immeubles haussmanniens, entre des rues parisiennes agitées avec des gens pressés et une caserne de pompiers. Caché par un camouflage de grands arbres, il y a un grand hôpital que tout le monde connaît depuis la Révolution : le Val-de-Grâce. Bien sûr, la boutade va de soi : la médecine militaire est à la médecine civile ce que la musique militaire est à la musique. Mais cette blague ne marche ni au pas cadencé ni chez les comiques. Souvenez-vous des puissants qui venaient du monde entier se faire soigner au Val-de-Grâce comme s'il était un hôpital ambassadeur de la qualité de la médecine française. Du simple soldat, du marin à l'aviateur, du militaire retraité et aussi des civils, il pouvait accueillir tout le monde. Plus d'une fois, lorsqu'en urgences les hôpitaux civils débordaient, cet hôpital recevait les malades avec humanité et compétence. Les puissants s'y sentaient rassurés et les politiques protégeaient cet hôpital, car ils n'étaient pas certains de finir ministres, mais ils savaient que probablement un jour ils iraient au Val-de-Grâce. Des attaques nucléaires aux regards indiscrets ou des violations du secret médical, la « Grande Muette » savait tout protéger dans cet hôpital. Souvenez-vous des images des journalistes en cas de drame politique ou d'attentat devant le Val-de-Grâce, cherchant à meubler le manque d'informations. Le suicide de Pierre Bérégovoy, l'accident vasculaire cérébral de Chirac, le malaise de Sarkozy... tout le monde y venait. Où iront-ils désormais ? Sûrement pas dans la salle d'attente des urgences ! L'hôpital le plus connu condamné au silence. À l'heure où notre pays est entré dans une guerre terroriste sournoise, effroyable, avec en plus de nombreuses opérations extérieures, fermer le Val-de-Grâce ne me semble pas une bonne idée. Une fois de plus, les économies l'emportent sur la réalité et les besoins des soldats, de la population. Je ne sais pas comment évoluera la guerre, mais les hôpitaux militaires ferment les uns après les autres depuis des années. La médecine a besoin de la chirurgie militaire et notamment traumatologique, viscérale et maxillo-faciale, sans oublier la compétence en anesthésie des grands traumatismes, sans écarter la psychiatrie militaire, qui a apporté beaucoup pour la prise en charge des psychotraumatismes, ou encore la rééducation des grands traumatisés cérébraux ou orthopédiques... L'autre jour, nous sommes allés transférer un des derniers malades du Val. Il était dans le coma et dormait. Le personnel était là, des aides-soignants, des infirmières, des médecins... Tous compétents et dévoués à leurs tâches comme à leur hôpital. Ils avaient toutes et tous un sourire triste, de ceux qui ont fait du bon boulot jusqu'au bout, qui se souviennent de tous ces malades sauvés entre ces murs depuis si longtemps, des tristesses oubliées par le bonheur d'une réussite médicale. Ah, pour sûr que la réanimation du Val était d'une grande qualité ! Sans compter son caisson hyperbare, nécessaire à des malades ayant des maladies très graves. Avec cette fermeture, il n'y a plus de caisson dans Paris intra-muros et plus qu'un seul en Île-de-France. Les équipes avaient mis un point d'honneur à toutes être là pour ce dernier malade, comme une sorte de haie d'honneur devant les chambres vides et les couloirs silencieux. En sortant avec l'ambulance, cet hôpital ressemblait à ces grands bateaux qui sont au port et qui ne partiront plus en mer. Un hôpital abandonné à ses fantômes, alors qu'il manque des lits pour hospitaliser les malades. Vous allez dire que j'en fais des tonnes pour les militaires dans un journal qui est par son histoire antimilitariste... Mais il y avait à Paris un hôpital militaire qui faisait de la grande médecine pour tous et qui vient de fermer dans le silence, comme un soldat tué au combat de la bataille économique.

Le nouveau modèle de canicule est arrivé !

8 juillet 2015

Certes, j'ai été lanceur d'alerte au moment de la canicule de 2003, mais cela n'empêche pas de rester mobilisé à chaque fois que ce phénomène se déclenche.

En douze ans, la prise de conscience collective sur le risque que représente la canicule pour la population a été bien comprise. Les messages de prévention sont partout. En ce début juillet 2015, la culture du soleil a changé. La grande chaleur et le grand soleil ne sont plus synonymes de douceur de vivre, mais de danger. Le beau temps n'est plus ce qu'il était. L'alerte dès que les chaleurs dépassent 40 °C le jour et 29 °C la nuit est désormais quelque chose de connu. La canicule est une tempête de chaleur. Le réchauffement climatique est bien là, palpable, massif, et les canicules sont de plus en plus fréquentes. Dès que le mot « canicule » sonne, les journalistes me ressortent de mon placard comme un coucou médiatique. C'est comme ça depuis 2003, je m'y suis fait et je tente de faire passer des messages pour faire de la prévention et expliquer le risque de ces chaleurs. Chaque année où une canicule se présente, les journalistes me posent les mêmes questions : les choses ont-elles changé en douze ans et y a-t-il des conséquences ? Oui, il y a eu une grande évolution, car tous les médias en parlent, dont le plus important :

radio-café en bas de chez vous. La prévention est devenue populaire, comme un acte de solidarité de voisinage. Les zones géographiques du Nord, qui n'avaient pas la discipline ancestrale de lutte contre la chaleur des gens du Sud, se sont adaptées : ouverture des fenêtres la nuit, fermeture le jour. Le réflexe de s'hydrater et de se rafraîchir est banalisé par un grand nombre. Certes, personne ne reprend mon slogan « Si tu bois bien, tu pisses bien », pourtant il dit tout, car si vous êtes bien hydraté, vos reins fonctionnent et vos urines sont claires et fréquentes. Mais il est certain que ce n'est pas très tendance à la télé, bien que ce soit la meilleure prévention, notamment pour les enfants et les vieillards. Cette année, il y a un sujet tabou : le cumul canicule-ramadan. Il ne s'agit pas de montrer du doigt ce rituel religieux, mais il faut souligner qu'ils n'ont pas de bol d'être empêchés de boire et de manger avec une canicule. Alors, dans les services d'urgences et aux appels au Samu et aux pompiers, beaucoup de gens qui jeûnent ont été pris en charge pour des malaises. Le beau temps n'est plus ce qu'il était. Autre conséquence : les morts. Oui, il y en a. Sans doute quelques centaines. La canicule tue. C'est bien pour cela qu'en douze ans le pays a mis au point une vraie politique de santé publique. Avec toutes les réserves statistiques nécessaires. La canicule 2015 n'est pas du tout terminée, nous avons le sentiment que les cohortes de morts suivent, les gens qui font des efforts au travail ou sportifs, les surexposés au soleil, comme les SDF, les malades chroniques et les vieillards... Mais pas dans les proportions de 2003 ! Sans doute cette prévention permet-elle de diviser par 50 ou plus le nombre de victimes. Ces morts auraient coûté très cher à la Sécurité sociale, car à chaque fois nous aurions tenté de les sauver et de les mettre en réanimation à 10 000 euros la journée.

Donc faites le calcul de ce que la politique de prévention a fait économiser ! La France est le seul pays dans le monde à s'être doté d'une prévention de cette envergure. Quant aux hôpitaux, une fois de plus, certains fracassent leur image de service public sur des habitudes d'organisation du XXe siècle. Les premiers incidents ont été les pannes électriques dues à la surchauffe. Et, bien sûr, la fermeture des lits en pleine canicule, à l'exemple du CHU de Strasbourg, qui était parti pour fermer 150 lits d'aval pour les malades des urgences. L'injonction de la ministre a été nécessaire pour empêcher la fermeture. Mais le fond du problème reste : la capacité de lits d'hospitalisation pour les malades est trop faible et inégalitaire par rapport aux besoins. Parfois, même, comme à Paris ou dans de grands centres urbains, il est très difficile de trouver des infirmières, alors des lits sont fermés et les malades attendent aux urgences sur des brancards. Rien n'est terminé : nous sommes en début d'été, les records de chaleur ont été battus et le climat peut très bien remettre un coup de chaleur sur la France et l'Europe.

Une dette de riche

15 juillet 2015

Cet article est passé inaperçu ! Jusqu'à ce tweet que j'ai écrit le 3 août : « Avant de partir, le roi d'Arabie saoudite pourrait payer ses facteurs de 3,7 millions d'euros aux Hôpitaux de Paris ! Un geste de politesse. » Ce personnage venait d'annexer une plage dans le Sud pour ses vacances de roi... Ça a fait un tollé médiatique et donc ça n'a servi à rien !

La France, premier système de santé au monde (en raison surtout de la Sécurité sociale), a toujours soigné des étrangers très riches qui n'ont pas de système de santé de qualité dans leur pays ou qui veulent consulter nos spécialistes. Du coup, tous les gouvernements, de droite comme de gauche, ont eu la même idée : permettre à ces personnes de venir se faire soigner, et ainsi faire entrer du pognon. L'idée est intéressante : profiter de la notoriété de la médecine française pour gagner de l'argent dans les hôpitaux publics en pratiquant une majoration de 30 % par rapport aux tarifs normaux. D'habitude, seuls les professeurs de médecine recevaient les fortunés venus du monde entier en consultations privées, mais, avec un texte législatif voté en 2011, c'était sûr, la France tenait un moyen de gagner du PIB avec son système de santé. Les patients étrangers pauvres ou/et sans papiers bénéficient de l'aide médicale d'État et ne comptent pas dans ces mesures. Nous parlons bien des étrangers richissimes qui tiennent le pétrole, la finance, le pouvoir économique et politique... Des boîtes de communication ont fait de la publicité sur le mode « Soignez-vous bien, soignez-vous français », surtout au Moyen-Orient et en Asie. Comme lorsqu'ils voyagent, dans les palaces, dans les restaurants, dans les magasins de luxe, les riches payent, alors pourquoi ne pas développer une business class sanitaire en France ? Les centres hospitalo-universitaires de Marseille, Toulouse, Lyon et Strasbourg se sont lancés dans cet accueil des malades riches. Le bilan, commencé il y a quatre ans, vient d'être fait par les hôpitaux de Paris : les riches ou leurs États ne payent pas forcément, et les impayés ont grandi. Le riche est ingrat et peut-être malpoli, sans doute avare, et c'est pour cela qu'il est riche. Les directions des hôpitaux, sans doute naïves, pensaient que les riches étaient honnêtes... Des ambassadeurs peu diplomates. La pédiatrie est en tête de cet accès aux soins, car le riche est comme le pauvre : il prend soin de ses enfants. Puis les maladies digestives, la cardiologie, l'urologie et l'appareil génital masculin (le riche y tient comme le pauvre), la neurologie, l'orthopédie et la cancérologie... 80 % des dossiers de ce nouveau marché ont été conclus avec l'Arabie saoudite, le Koweït et les Émirats arabes unis. Aucun racisme là-dedans : les riches sont là-bas, baignant dans le pétrole. Mais ils ont compris qu'en arrivant par les urgences ils ne payaient pas la majoration de 30 %, ou encore grâce à des accords internationaux, des actions humanitaires... Bref, des petits passe-droits que les riches adorent. Et les organismes censés couvrir les dépenses ne payent pas, car ils savent qu'une fois rentrés chez eux aucune poursuite n'est possible. Le malade est parti avec sa santé et son pognon, et la dette reste. Bilan : la note de cette business class sanitaire des Hôpitaux de Paris est sévère. Les économistes et autres directeurs des hôpitaux, si prompts à donner des conseils et à faire des économies drastiques, en supprimant des postes ou en fermant des hôpitaux, sont incapables de monter un simple système de facturation pour que les riches payent... Mais le plus paradoxal est le personnel diplomatique. L'ambassade d'Arabie saoudite doit plus de 3 millions d'euros à l'Assistance publique-Hôpitaux de Paris. Une goutte de pétrole dans leur océan de pognon! L'ambassade d'Algérie doit 255 000 euros, moins que celle du Congo, dont la dette s'élève à 300 000 euros. Ce qui n'est rien du tout par rapport à l'argent que possèdent leurs dirigeants. Mais il y a aussi des pays européens, dont la Belgique et l'Italie, ce qui me fait redire l'intérêt d'inventer une Sécurité sociale européenne. Au total, tous pays étrangers confondus, les malades riches ont laissé une ardoise en 2014 de 118 574 255,62 euros aux seuls hôpitaux de Paris, soit à peu près le plan d'économies de l'année! Mais impossible de la recouvrir. Quant au Quai d'Orsay, il est incapable d'aller présenter la note aux ambassades, qui sont bien impolies de ne pas payer leurs dettes, comme celle des États-Unis, qui doivent juste 9 000 euros, paradoxe du pays où la santé est très chère. Une fois de plus, un projet intéressant et qui aurait permis de vendre en quelque sorte le savoir-faire de notre pays échoue lamentablement dans une dette créée par les riches! À ce jeu de dettes, les riches sont toujours les plus forts et en bonne santé à peu de frais.

Le sourire du soleil levant

22 juillet 2015

Le débat sur la fin de vie passe par les urgences. 54 % des certificats de décès sont faits par les urgentistes. Ça ne donne pas le droit de vie ou de mort ni un syndrome de surpuissance, c'est juste qu'il faut canaliser cela vers la bienveillance à l'égard des malades et l'humanisation. L'aide à mourir dans la dignité est une modernité philosophique.

Le big-bang du temps a mis quatre-vingt-cinq ans pour allonger Jing jusqu'à aujourd'hui. Du moment où elle a crié en sortant du ventre de sa mère jusqu'à sa présence sur ce brancard des urgences d'un service parisien. L'histoire est banale : fut un temps, ils abandonnaient les animaux sur le bord des routes, désormais c'est au bord des couloirs des hôpitaux qu'ils laissent les vieux en début d'été. Il va falloir inventer la Société protectrice des vieux. Beaucoup de médecins sont dépassés par le vieillissement, et ce corps plein de petits dysfonctionnements qui, pris isolément, sont insignifiants, mais qui, additionnés, font des malades tous différents et très complexes. S'ajoute l'intrication de la médecine, de la psyché, de l'histoire et du contexte social de la personne âgée… Et tout le monde veut qu'on aille vite face à cette montagne de travail, alors que, là aussi, il faut du temps. Jing ne parle pas le français, et son origine d'Asie du Sud-Est ne fait aucun doute de par son physique et son adresse : un des quartiers asiatiques de Paris. Elle est là, toute décharnée, silencieuse, tenant avec sa main squelettique le barreau du brancard comme un marin tiendrait son gouvernail en pleine tempête. Elle est recroquevillée en position fœtale sous ses draps jaunes de l'Assistance publique, comme pour éviter les vagues et se cacher. Impossible de comprendre ce qu'elle a. Il y a bien une lettre d'un médecin acupuncteur, dont les aiguilles ont été dépassées par la maladie, qui écrit une variation d'un hiéroglyphe illisible que même Champollion ne pourrait lire... Nous voici à chercher qui est cette naufragée dans son océan de vie. Dans ces cas où le dialogue est impossible, nous faisons des examens cliniques, de radiologie, de sang pour comprendre. Pendant ce temps, l'assistante sociale cherche ses voisins ainsi que des Asiatiques pouvant traduire. Mais c'est une impasse, et personne, dans son quartier, ne semble connaître Jing. Parfois, nous disons de grosses conneries ! Comme, aux urgences, il faut s'occuper de tout le monde : elle attend. Abandonnée sur son radeau en silence, malgré le bruit, elle semble figée. Eh bien, nous nous sommes trompés ! En fin de journée, une jeune femme asiatique a demandé à voir Jing. C'est sa petite-fille, qui s'empresse de s'excuser de ne pas être venue plus tôt. En quelques SMS, elle alerte tout un clan familial qui s'inquiétait et qui va arriver. La surveillance de leur parente est leur priorité. Arrivée à côté d'elle, elle lui prend délicatement la main et Jing lui sourit largement d'un sourire édenté avec des lèvres plissées, des yeux mi-clos et une peau tannée, mais un sourire franc, généreux et beau. Comme nous, elle ne comprend rien, car elle est française, et, après deux générations familiales, elle ne parle pas un mot de chinois. Elle nous explique qu'en plus sa grand-mère parle le patois d'un canton de

Chine... Jing est arrivée en France dans les années 1950 et elle a travaillé dur avec son mari pour élever leurs enfants. Leur priorité fut le travail et leur scolarité à l'école de la République. Ils ont fait de brillantes études. Jing et son mari sont restés dans l'ombre avec abnégation, toujours au travail pour que leurs enfants réussissent. Son mari est mort d'un cancer foudroyant il y a deux ans et toute la grande famille a pris soin de la grand-mère, bien que personne ne comprenne ce qu'elle dit, sauf son fils. Tous les matins, elle descendait dans la cour de l'immeuble pour faire du tai-chi-chuan avec ses voisins, dans le silence et la discipline. Mais, avec le temps, les gestes se sont faits moins amples et l'équilibre est devenu tangage. Depuis quinze jours, elle ne sortait plus. Malgré toutes les attentions et la bienveillance, le corps de Jing n'a pas suivi et son médecin, ce matin, a préféré l'envoyer en urgence à l'hôpital. Il a bien fait. Tout en parlant avec sa petite-fille, les résultats sont revenus sans appel : le même cancer du foie que son mari... Comme son état était au-delà de tout traitement, la famille a préféré la ramener, pour qu'elle finisse ses jours chez elle avec ses souvenirs et son silence. Le fils de Jing nous a parlé un peu : il nous a dit qu'elle était contente d'être venue aux urgences. Ses souffrances se sont arrêtées quelques jours après.

La folie voyage au-dessus de tout

29 juillet 2015

Qu'est-ce qui caractérise les gens de l'équipe de Charlie *depuis toujours ? C'est la folie créatrice, une marginalité sociale, pétrir des idées neuves, faire ce qui n'a jamais été fait et ne jamais refaire et pas de jeux de mots ! Le génie et la folie sont un chapitre de l'histoire de ce journal. C'est pour cela qu'Elsa Cayat avait toute sa place de psychiatre dans l'écriture du journal.*

Il doit y avoir des tam-tams dans sa tête, des trucs bizarres jamais entendus nulle part. Des psychiatres peu poétiques diront que ce sont des hallucinations, mais elle, elle les voit, elle les entend, tous ces personnages qui alimentent sa folie. Des sortes d'idées en derviches tourneurs qui ne s'arrêtent jamais et la font agir lorsqu'elle baisse ou arrête ses traitements. Madeleine n'a pas eu une vie facile, un début de scolarité très faible car elle ne faisait jamais comme tout le monde. Elle aurait aimé, mais c'était plus fort qu'elle : dessiner et elle déchirait tout, mettre des couleurs et elle ne jetait que du noir, jouer avec les autres et elle boudait. Puis, d'institutions en services de psychiatrie, ses parents ont fini par s'écarter lorsque sa majorité a sonné. Puis il y a eu le grand vide : pas de place dans les structures spécialisées, trop atteinte, ou pas assez, par la maladie pour qu'elle soit mise dans une institution. Alors elle est arrivée dans la rue comme SDF. Malgré une aide du centre médico-psychologique de son quartier et une surveillance par une équipe de thérapeutes, son état s'est vite dégradé et elle a commencé à errer. La psychiatrie n'est pas une prison. Que s'est-il passé dans son monde pour qu'elle en arrive là ? Nul ne sait. Son apparence de femme âgée de 25 ans, très belle, ne fait pas son adaptation à l'environnement de la société. De toute façon, au bout de deux phrases, c'est sa folie qui prend la parole. Elle a pourtant réussi à avoir un passeport et une carte bleue. Madeleine, la jolie punk sans chien, a commencé à voyager avec sa folie libérée de toute contrainte. Les voyages l'ont menée en Inde, à New York, en Italie, en Angleterre... Et, chaque fois, elle a été arrêtée, puis mise dans des services de psychiatrie d'urgence, et *via* les ambassades elle a été ramenée en France dans son centre psychiatrique. Elle réalise une sorte de tour du monde des urgences psychiatriques. Les fous sans frontières. C'est une organisation internationale de la gestion des fous qui fonctionne plus ou moins bien, mais généralement le malade revient rapidement à la case départ: sa chambre d'hôpital psychiatrique. La France fait de même avec les fous étrangers qui arrivent lors de voyages pathologiques. Les petits amis imaginaires qui courent et font des rondes dans la tête de Madeleine en répétant les mêmes idées ont eu l'idée de lui faire prendre un billet pour Madrid. Il faut le reconnaître, les sans-papiers pas fous sont bloqués aux frontières, mais les fous ne sont pas retenus. Certes, elle est partie avec des bottes de pêche, un short et un petit manteau de fourrure. Mais, comme elle est jolie, tout le monde croit que c'est une *fashion victim*, alors qu'elle est victime de la maladie. Parlant toute seule, elle a mis des écouteurs avec un portable, en panne, pour faire croire qu'elle était en communication. Ainsi, elle passe presque inaperçue, et impossible de la bloquer à la frontière car elle est en règle. Comment a-t-elle réussi à rester calme dans son fauteuil dans l'avion, tant son accès maniaque était à son acmé ? Personne ne sait, comme si la folie se calmait pendant le voyage. Arrivée au centre de Madrid, elle n'a pas perdu de temps et a commencé à parler aux voitures. Quelques Français sont passés par là et ils ont entendu cette jolie femme expliquer à une bagnole qu'elle était une déesse de la création du monde, que personne ne la comprenait, qu'elle lisait dans les pensées de tout le monde comme des objets et qu'elle avait la vérité. Il y a plus de deux mille ans, elle aurait peut-être été Jésus ou un prophète, mais aujourd'hui ce sont les psychiatres qui interviennent... Si cela avait été le cas en l'an 0, peut-être que tout aurait changé. Allongée nue sur le capot d'une voiture, elle hurlait en français... L'image de la France, Madeleine et sa folie s'en foutent comme de leur premier neuroleptique. La police n'a eu aucun mal à la conduire directement dans un service de psychiatrie de Madrid. Quelques jours après, elle est revenue à l'aéroport de Roissy, puis elle est repassée par les urgences pour repartir dans son service de psychiatrie. Après tout, elle ne fait de mal à personne et ses voyages lui font du bien... Peut-être, car il faudrait être fou pour croire qu'elle ne va pas bien. Elle va repartir, c'est sûr. Si vous la croisez, aidez-la à revenir. N'ayez pas peur, elle n'est pas méchante avec ses amis imaginaires.

Tomber du ciel
5 août 2015

Vous parler des rumeurs me concernant est sans intérêt et c'est une perte de temps de parler des cons. Le problème, c'est plutôt ce qui incite ces cons à porter les rumeurs. La rumeur d'Orléans si bien décrite par Edgar Morin est toujours bien active.

Vanessa est tombée amoureuse. Comme jamais elle ne l'a été, d'un homme plus âgé qu'elle. Mais aussi plus petit, ce qui dérange les stéréotypes du couple. Et ce n'est pas tout : ajoutez, pour bien planter le décor, qu'il est irlandais et qu'il est enseignant. Moi aussi je pensais que c'était sans importance… Elle fait des études avec application et ce prof l'a séduite. Évidemment, toutes ses amies lui ont dit : « Ouh ! là ! là ! » Et à lui, tous ses collègues ont dit : « Ouh ! là ! là ! » Quand leur histoire d'amour a commencé, ils ont sans doute cru à la grandeur d'âme des autres, des amis, des proches. Après tout, plus de trente ans d'écart, qu'est-ce ? Une étudiante majeure et un prof venu d'un pays d'Europe, quel peut être le problème au XXIe siècle ? Les cons… Ils sont restés un peu cachés jusqu'au début des ragots. Les rumeurs sont un cancer sournois et nauséabond. C'est une destruction massive de tout l'environnement des personnes visées. Trois thèmes sont récurrents dans les rumeurs : la santé, l'argent et le sexe. La rumeur s'est modernisée avec des outils horribles : Internet et les réseaux sociaux. Vanessa et son amoureux n'ont pas de fortune, leur santé était sans souci. Quant au sexe... Que vous soyez grand, petit, gros, maigre, quelle que soit votre couleur de peau ou votre origine, l'amour est le même, et les jaloux, les frustrés, trouveront toujours des moyens pour nuire aux amoureux. Alors, au cours des derniers mois, ils ont tenu en attendant la fin de l'année universitaire, en prenant soin l'un de l'autre, en veillant bien au secret, mais les ragots ont enflé. Lui a su se protéger tel un imperméable sous la pluie. Il a tenté de la protéger, mais, doucement, elle a sombré. Le poids de la rumeur. Elle est douée, alors elle a réussi tous ses examens, mais la rumeur de trop est passée par là : « Elle a couché pour avoir les sujets des examens. » Le truc bien pourri, bien dégueulasse, car son chéri n'avait pas posé les sujets et ne les connaissait pas. Par ailleurs, sa famille rétrograde lui a bien montré que cette relation avec un homme plus vieux qu'elle, plus petit, irlandais... n'allait pas du tout pour elle. Elle a bien essayé de se rattacher à lui, mais il a été dépassé par tous ces problèmes. Elle ne savait plus comment faire. Ils n'ont même pas sonné à la porte d'un psychiatre. Certes, il est toujours difficile de parler de chance lorsque quelqu'un plonge dans autre chose qu'une piscine... Vanessa est tombée du premier étage, mais, heureusement, elle a sauté sur des arbustes tête la première. Elle a eu de la chance, car, sur le béton, elle aurait été gravement blessée. C'est ainsi à Paris : régulièrement, les gens désespérés sautent par les fenêtres. Alors que tous les secours étaient encore sur les lieux, c'est lui qui a raconté, comme soulagé de transmettre toute son histoire. Il a été rassuré de savoir que ses jours n'étaient pas comptés par les deux fractures. Puis, progressivement, il s'est mis à pleurer, comme détruit par toute cette histoire de rumeurs qui ont conduit son amour à sauter. Elle aussi pleurait de désespoir, en plus des douleurs des fractures. Les deux ont été hospitalisés dans le même hôpital. C'était il y a deux mois... Ils ont été suivis par des psychiatres et des médecins. Les lésions de Vanessa se sont consolidées. Elle a décidé de changer de faculté. Lui va rester dans sa fac, mais il va mieux. Je ne sais pas la tête qu'ont faite tous les cons qui trouvaient à redire sur leur amour lorsqu'ils ont annoncé qu'ils se pacsaient.

La quête

12 août 2015

Les plus anciens de Charlie *ne connaissaient pas la retraite ! Même Cavanna jusqu'aux derniers instants écrivait ! Honoré, Wolinski, Cabu avaient de beaux jours de création devant eux ! Une chose est sûre, c'est qu'ils ne voulaient pas terminer en perte d'autonomie, et certains me disaient : « Tu me laisseras pas comme dans ta chronique, hein ? »*

Il y a l'âge sur la carte d'identité, celui que l'on fait le matin, si différent de celui du soir, l'âge qu'on aimerait faire et celui du miroir avec ou sans le ravalement du maquillage... Le temps passe de la même manière pour tout le monde, mais il y en a qui supportent mieux la montée ou la descente, comme en montagne. Marie-Louise ne fait pas son âge, comme on dit. Elle a toujours fumé trois clopes par jour, mangé le gras du jambon et bu le soir son verre de blanc : les secrets du vieillissement sont à trouver dans le futur. Autonome, elle sort tous les jours faire ses courses, boire un café au troquet de l'angle de la rue, elle écoute du rock et elle reste communiste. Elle est sans le savoir une sorte d'égérie de son quartier. Les rituels des villages dans Paris sont très protecteurs contre la solitude des temps modernes. Elle papote toujours avec ses amis, qui ne sont pas pressés de prendre la boîte pour le Père-Lachaise. Elle est bien dans son univers, qui va depuis le trottoir pair de la place du bas à l'intersection du haut de Belleville.

Mais elle ne va pas bien depuis quelques jours, elle a laissé traîner une toux grasse. Ses crachats verts font penser que ses poumons sont devenus un parc à huîtres. Ah ! je sens que vous n'aimez pas l'ostréiculture, alors arrivons-en au fait : il faut l'hospitaliser en ce bel été 2015 à Paris. Mais la première question que posent les médecins est toujours la même : quel âge a-t-elle ? Tous les professionnels de santé sont formatés pour commencer à réfléchir par l'âge. Pourtant, l'âge physiologique serait plus scientifique ! Dans son cas, bien qu'elle ne les fasse pas, ses 94 ans sont rédhibitoires pour la quasi-totalité des réanimations.

Pourtant, c'est là qu'il faut l'hospitaliser. Entre ceux qui n'ont plus de place, ceux qui n'ont qu'un lit de réa, ceux qui refusent car « au cas où un cas rentable arriverait », ceux qui ont peur de se faire engueuler par leur hiérarchie ou ceux qui mentent... pas facile de lui trouver un lit. Mais l'espoir est toujours permis avec les médecins, et, grâce à une collègue qui refuse cette sélection par l'âge, Marie-Louise est repartie de plus belle, en six jours elle s'est remise ! Aux dernières nouvelles, elle a repris ses habitudes. Mais pour d'autres malades, c'est très difficile, car le problème est qu'avec le temps tous les plus de 70 ans sont considérés comme vieillards déments grabataires. Mais c'est faux ! L'hôpital surspécialisé s'est perdu dans l'intérêt des corporatismes médicaux et a perdu sa polyvalence, sauf dans deux secteurs : la gériatrie et les urgences. Alors placer des personnes âgées bien portantes et autonomes malgré leur âge est très difficile. S'ajoute le manque de place !

Si tous les anciens parlaient, ceux qui sont handicapés jusqu'à ceux qui sont au pays d'Alzheimer, ils nous diraient leur souhait de voir s'humaniser leur vie pour que, comme Marie-Louise, ils puissent encore passer dans la rue et profiter de la proximité.

Le combat pour l'égalité et la fraternité commence par la santé, et la fermeture d'un service d'urgence, c'est l'annonce de la fermeture d'un hôpital. À Valognes, comme à l'Hôtel-Dieu de Paris, la fermeture du service public continue même en été et au mépris des malades qui vont faire des kilomètres. Et, comme il manque des lits, la première sélection est l'âge ! L'indifférence de cet âgisme tue comme l'incohérence des systèmes de santé qui ferment au mépris des usagers.

La fierté d'un système de santé d'un pays est sa durée de vie. Mais j'ai l'impression que les vieux importunent les économistes. Nous vieillissons, mais si c'est pour se faire chier de plus en plus en regardant des écrans de toutes sortes et être méprisé en cas de maladie, cela ne montre pas le chemin d'une grande société humaniste. Ce monde ne nous pousserait-il pas à reprendre une bouteille de champagne pour l'oublier ?

La maladie n'est pas hippie

19 août 2015

Comme Charlie *est né à peu près en même temps que les hippies, c'est un clin d'œil !*

L'une des richesses de notre pays est la liberté, qui a permis à ces trois hippies, un trio composé d'un homme et de deux femmes, de vivre aussi vieux dans leurs convictions et en rêvant que la vallée de Katmandou pouvait arriver en banlieue parisienne... Ils ont attendu avec patience, en restant aussi babas et en fumant des joints. Ils sont devenus végétaliens pour protéger tout ce qui vit. Ils ont refusé l'électricité, dormant par terre sur des tapis peut-être venus d'Inde. Mais les croyances sous toutes leurs formes ne changent rien à la marche du temps. Le corps a ses raisons que le temps sait vaincre. Ils voulaient une communauté et ils ont tenu tous les trois. Les autres sont morts d'overdose, de suicide ou ont quitté cette ambiance pour revenir à la réalité. Mais eux sont restés bloqués sur le pouvoir des fleurs.

Lui et ses deux femmes n'ont plus de papiers depuis longtemps, car « c'est trop consumériste », et leur rejet de la société est total... Enfin presque, car, finalement, les papiers, ils les ont faits avec une assistante sociale de leur commune qui a réussi à leur procurer les aides médicales et les retraites de base de la Sécurité sociale. Tout en entamant leur deuxième paquet de cigarettes de la journée, ils expliquent qu'ils n'ont pas besoin des secours et que l'hôpital, c'est bourgeois… Ils expliquent leur vie de végétaliens, bio, anticonsommation, mais fumant du tabac de l'industrie depuis toujours au rythme d'un feu de forêt. À eux trois, c'est une pollution ambulante, leurs doigts sont jaunes à cause des filtres. Certes, s'y ajoute une grande quantité de joints, car, comme l'une le dit : « Ah ! mais tout se fume dans la nature, c'est une question de préparation. » Vu leur état, je n'en suis pas certain…

Ils paraissent trente ans de plus que leur âge. L'appel au secours a été fait par l'assistante sociale, car ce mâle baba cool dominant a fait un malaise. Il est tout maigre et a perdu toutes ses dents à cause du scorbut, qui les touche tous les trois car ils ne mangent plus de légumes ni de fruits frais depuis des années, parce que « rien n'est bio ». Ses théories écolos ont viré à l'obsession névrotique, jusqu'à se mettre en péril. Ses cheveux sont tombés en quelques mois, comme si l'hiver arrivait dans son corps. Il a tenté de soigner avec des tisanes ses crachats de sang, qui sont devenus de plus en plus nombreux avec le temps. Mais ceux-ci ne l'ont pas incité à arrêter de fumer, et les joints calmaient ses douleurs, il se sentait mieux et, donc, guéri. Voilà. Le hippie est simple et aussi difficile à convaincre que le capitaliste dans une crise économique.

Il était évident que le cancer avait déjà aménagé une communauté de métastases dans son corps et qu'il avait finalement raison de continuer à vivre comme il le voulait, car les premiers examens aux urgences ont été une sorte de visite historique du cancer des poumons. Au-delà de tout recours thérapeutique, il a bien compris que c'était trop tard. Il a assuré s'en foutre, car il vivait comme il voulait et ne changerait pas. Il a arraché sa perfusion, car il était convaincu que nous allions faire des expériences sur lui ! Ses deux compagnes nécessitaient aussi des soins urgents.

Elles ont accepté l'examen clinique, mais aucune prise de sang. À l'ancienne, en quelque sorte.

Il est probable que l'une a une maladie thyroïdienne et l'autre une masse abdominale visible à l'œil nu, évoquant fortement un cancer des ovaires ayant envahi tout le périnée. Mais comme elles refusaient de voir des médecins, sauf une sorte de gourou… Il leur donnait une mixture qu'elles avaient dans un pot et qui ressemblait à de la merde. Impossible de les décider ! Les trois se sont donc levés et sont repartis à pied avec leurs sandales, vociférant sur le consumérisme de la société, son manque de vision de l'amour, et leurs certitudes de bouddhistes de l'Hexagone.

Le psychédélisme ne vieillit pas très bien. Les couleurs se fanent, le lin des tenues finit par avoir des trous, le pouvoir des fleurs est à l'automne. Leur avenir n'est finalement pas si moche, car il est celui qu'ils ont choisi, et ils l'assument et resteront encore quelques mois dans le *peace and love* avant de partir en fumée vers les nuages qu'ils ont faits avec leurs joints. Leur nirvana en quelque sorte.

L'horreur est humaine

26 août 2015

La compliance au traitement est un phénomène très complexe. Les lois ont changé pour donner plus d'autonomie aux malades, mais ils aggravent leurs maladies et parfois s'en prennent, quand c'est trop tard, aux professionnels de santé !

C'est l'histoire d'un mec qui n'est pas du tout Coluche et pas du tout rigolo. Un austère, voyant le mal partout, capable de porter plainte pour attouchements si vous lui serrez la main. Un gars malin qui menace de procès, non seulement son immeuble, mais aussi le quartier, les institutions de l'État, de l'école au cimetière, de la mairie au monde entier. Il y a toujours un côté mégalomaniaque chez le paranoïaque, qui pense que tout a été fait sur la planète contre lui. Mais comme les soucis n'arrivent pas qu'aux gens bien et tombent aussi sur les crétins, ce grand monsieur a eu un banal mal au ventre. Évidemment, ce type de personnalité ne peut absolument pas avoir confiance en un médecin.

Tout a commencé il y a un an avec des douleurs abdominales fréquentes et répétitives. Il a lu plein de sites médicaux sur Internet et il s'est soigné tout seul. C'est de plus en plus fréquent, les gens achètent des médicaments, sur des sites étrangers ou non, sans se soucier de la qualité ni de l'adéquation entre la molécule, le traitement et la maladie. Au départ, il s'est senti mieux, et, comme il refuse de cotiser à la Sécurité sociale, il a commencé à expliquer à ses proches qu'avec Internet et le libéralisme la médecine est devenue une simple consommation. Malheureusement pour lui, les douleurs au ventre ont repris, plus profondes, plus diffuses, avec une alternance de constipation et de diarrhées et l'apparition de nausées.

Un jour, il a plus mal qu'à son habitude, comme si un couteau lui était entré dans le ventre, et la douleur l'a fait s'écrouler. Il a quand même trouvé exagéré que des pompiers aillent le ramasser sur le trottoir pour le transporter aux urgences. Il n'a fallu que quelques minutes d'interrogatoire par l'urgentiste, un examen clinique et quelques coupes du scanner abdominal pour voir que son pancréas était déjà bien bouffé par un cancer. Après quelques négociations, ce monsieur a décidé de partir de l'hôpital parisien pour aller voir ailleurs, n'ayant pas confiance dans le service public. Bien entendu, son épouse a rappelé les urgences pour les engueuler, ne comprenant pas que son mari n'ait pas été hospitalisé... Mais c'est LUI qui avait tout refusé.

Le temps a passé et il a recommencé à souffrir le martyre tout en menant ses recherches et enquêtes sur ce cancer par Internet. Il est devenu son propre docteur et il a commandé des médicaments de pays lointains en payant des fortunes. Pendant ce temps, la maladie continuait à se répandre un peu partout. Perdant du poids à vue d'œil, il a décidé, avec sa femme, d'aller voir un grand spécialiste aux États-Unis. Le voyage fut effroyable pour lui, mais, pour un libéral, aller se faire soigner au pays du capitalisme, c'est un peu le paradis et le début de la guérison. La consultation leur a coûté deux mois de SMIC, non remboursés. Comme ils ne parlaient pas trop l'anglais, ils n'ont pas tout compris, sauf que la voix du docteur était très douce et compatissante. Mauvais présage...

Aussitôt arrivé là-bas, aussitôt reparti vers la France lorsqu'ils lui ont annoncé le prix de l'hospitalisation pour tenter de freiner la maladie. Arrivé à l'aéroport de Roissy, il ne tenait plus debout. Le Samu est venu le chercher et l'a reconduit aux urgences, où le diagnostic avait été posé... Il est retombé sur le même urgentiste, qui l'a repris en charge. La maladie s'était multipliée et l'avait envahi de partout. Lui qui n'aimait pas le service public ni la Sécurité sociale a été pris en charge par toutes les équipes nécessaires à son état, sans qu'il sache le coût de son traitement. Il ne s'en sortira pas, mais, actuellement, il n'a plus mal, et la maladie est un peu freinée. Il a perdu du temps avec l'illusion du savoir facile par le Net et sa bêtise politique qui l'ont conduit à fuir un système qui aurait pu peut-être le sauver davantage.

Le vrai du faux et le faux du vrai

2 septembre 2015

Rarement des faux médecins sont démasqués ou des médecins avec des troubles psychiatriques. Malgré tous les contrôles, certains passent entre les barrières !

Le problème de la démographie médicale en France est bien paradoxal : nous n'avons jamais eu autant de toubibs, mais il en manque un peu partout ! Sans oublier que la concurrence fait rage entre les systèmes, public et privé, ville et hôpital, entre centres hospitaliers universitaires et hôpitaux généraux, ou encore à l'intérieur des établissements. Certains médecins quittent les hôpitaux pour aller vers ce qui est le plus lucratif, alors trouver des toubibs est un casse-tête pour les directeurs.

En 2009, l'hôpital de Juvisy cherchait des anesthésistes-réanimateurs. Les témoignages sont concordants : ils ont vu arriver un très beau et jeune docteur de 41 ans. Gomina, teint hâlé, yeux bleus, un docteur comme dans la série *La Clinique de la Forêt-Noire* : le bellâtre ! Ce beau gosse, Turc, a fourni un diplôme d'anesthésiste-réanimateur algérien et a été embauché. L'administration de l'hôpital et le conseil de l'ordre ont tout validé. Dès le début, tout s'est très bien passé, il a travaillé dans l'hôpital avec talent. Dévoué, il faisait les gardes, revenait pour les blocs, les urgences. Tout ce qu'adore une direction administrative et médicale : il ne comptait pas son temps. Le bougre donnait du stéthoscope mais aussi de son corps au personnel. Il draguait à fond et se tapait un bon nombre de dames dans l'hôpital. Il est devenu le toubib surpuissant de l'hôpital et du plumard.

L'annonce de la fermeture en 2010 de la maternité et de la chirurgie de Juvisy a entraîné son départ vers les hôpitaux de Longjumeau et Corbeil. Ces fermetures ont été faites par des technocrates, des experts, après des évaluations compliquées, des locaux aux personnels, du budget aux protocoles de soins... Pas un euro n'est passé à travers le contrôle de l'agence régionale de santé. Alors Dr Don Juan est parti travailler, sans rechigner, dans ces deux hôpitaux sous les applaudissements de ses collègues enchantés par sa présence et sa compétence. Il a recommencé à travailler brillamment, toujours aussi charmant comme un prince et séducteur comme un sex-toy. Un Casanova qui change d'établissement, c'est un peu comme un diabétique qui entre dans une nouvelle pâtisserie... C'est gourmand, ces personnages. Alors, de bloc en réa et de femme en femme, il a vécu dans une sorte d'extase.

Mais... mais... il était marié. Son épouse a fini par s'apercevoir qu'elle avait plus de cornes que de cheveux. De disputes en suspicions, elle a décidé d'écrire au directeur de l'hôpital : « Je vous informe que mon mari n'est pas médecin ! » L'homme périt généralement par la queue, comme disait un ami vétérinaire. Tout s'est effondré autour de lui. Il a été arrêté et interrogé par un magistrat en 2011. Le courageux a accusé sa femme de lui avoir dit de faire ça. Mais comme le courage n'est pas son truc, il n'est pas venu à son procès la semaine dernière. Un mandat d'arrêt international a été lancé. Où est-il ? Où travaille-t-il ? Car le problème est bien là : ce qu'il a fait une fois, il peut le refaire sans aucun souci, n'importe où.

À l'heure où l'accent est mis sur la sécurité des soins, les protocoles, les vérifications en tout genre en anesthésie et dans les autres spécialités, comment se fait-il que personne n'ait vérifié ses diplômes ? Voilà tout un millefeuille administratif au service de l'économie de santé qui utilise la qualité des soins pour fermer des hôpitaux et qui n'est pas fichu de vérifier l'essentiel : le toubib a-t-il de vrais diplômes lors de son embauche ?

Enfin, à quoi sert l'ordre des médecins, sinon à la vérification des diplômes ? Ce n'est pas une expression raciste, il s'agit juste de savoir si celui qui vous soigne est compétent, il s'agit de lutter contre des personnalités qui sont soit des escrocs, soit des cas psychiatriques, ou les deux. Le procureur a dit que rien ne l'empêchait de continuer à exercer cette profession avec ses faux diplômes. Comble de l'ironie : tout le monde l'a trouvé bon médecin ! Alors, à quoi servent les diplômes ? Enfin, les malades qu'il avait pris en charge n'ont pas été convoqués sous prétexte qu'il était en fait infirmier anesthésiste... Avant d'être opéré, d'être placé en réanimation, demandez à la direction qui vous soigne.

La petite reine au pays de la fureur

16 septembre 2015

Elle a été sauvée et va très bien ! Charb et les autres adoraient le vélo et les histoires qui finissent bien. Je suis sûr que celle-ci leur aurait bien plu.

Noémie est magnifique sur son grand vélo hollandais. Une classe folle sur les pavés et le bitume de Paris, capitale où le roi de la route est de plus en plus la petite reine. Désormais, des millions de personnes font du vélo dans les villes, et les accidents graves sont très rares. Elle pédale depuis longtemps, ce qui lui donne un corps d'athlète, sans une ride. Elle est très grande, et sa jolie robe discrètement fendue sur les côtés laisse apparaître de très beaux jambons en guise de cuisses et du jarret à faire douter un coureur du Tour de France.

Noémie a toujours son sac dans son panier à l'avant, avec ses cours d'enseignante d'université et ses affaires personnelles, comme pour un long voyage. Elle parcourt Paris comme un rayon de soleil traversant la grisaille des boulevards. Dans son sillage, ses cheveux volent au vent tel un étendard de beauté, et une odeur discrète fait fuir celle des pots d'échappement. C'est aussi ça, l'élégance : rester belle, alors que vous êtes entourée de laideur. Enfin, j'imagine tout ça, agenouillé à côté de son corps, sur le bitume.

Arrivé juste après la collision, je m'empresse de faire quelques gestes pour tenter de la sauver. La roue avant de son vélo tourne encore. Les voitures ne s'arrêtent pas pour un accident, car le stress emporte toutes les consciences parisiennes. Des CRS en patrouille se sont déployés pour empêcher qu'elle soit écrasée. Noémie est allongée au sol, la tête en sang, inconsciente. Elle dort sur le bitume comme un pantin désarticulé, éclairée par le soleil de l'été finissant. Sa jolie robe flotte encore un peu au vent, comme pour la soulever et la remettre sur le vélo. Son visage est rayé par son sang qui coule. Elle est dans un coma profond. La foule, toujours aussi conne, klaxonne et gueule. Elle n'entend plus rien.

Les secondes sont lourdes, car un médecin sans matériel est un peu démuni. Je devrais avoir un sac à main, comme elle, avec mon hôpital dedans... Les murs des immeubles restent de pierre, des gens regardent par les fenêtres et demeurent étrangers à tout ça. Je fais ce que je peux pour freiner les hémorragies. En alertant les secours, je demande déjà que les chirurgiens soient prévenus. Elle a un traumatisme crânien très grave et un fémur à angle droit... Son souffle se fait de plus en plus difficile.

Pendant ce temps, un témoin raconte : elle roulait sur la bande cyclable. Soudain, un camion avec une plate-forme transportant du matériel d'échafaudage l'a doublée. Chacun respectait les signalisations routières, sauf que l'un des battants du camion s'est brusquement ouvert juste au moment où il la doublait ! La lourde plaque de fer est tombée sur la tête de Noémie. Elle a été assommée et s'est affaissée sur le bitume comme un arbre qui tombe. Elle a failli se faire écraser par le camion, qui n'a rien vu. Ce sont des automobilistes qui l'ont arrêté.

Qui est responsable : le chauffeur, le propriétaire du camion ou le constructeur, les vis ? Laissons les experts se pourrir la vie. Le problème est de sortir Noémie de son coma et de la sauver.

En moins de dix minutes, deux pompiers sont arrivés. Eh oui, par économie et pour faire comme beaucoup d'autres pays, leurs effectifs sont passés de trois à deux dans les véhicules de premiers secours ! Nous la plaçons sur la civière. La roue de vélo s'est arrêtée de tourner. Mon collègue Jean-Pierre, grand médecin, un homme massif et rassurant, vient d'arriver et commence la réanimation dans le véhicule du Samu. En quinze minutes, elle est perfusée, traitée et placée sous respirateur artificiel. À peine quarante minutes après le choc, elle est arrivée directement sur la table des chirurgiens, qui ont fait le maximum pour enlever les hématomes dans sa tête. C'était il y a quinze jours, depuis elle se bat comme un coureur cycliste qui remonte la pente dans le mont Ventoux. Pour l'instant, nul ne sait si elle va s'en sortir. Il faut du temps en médecine et beaucoup d'humilité. Une chose est certaine : le casque de vélo n'est peut-être pas obligatoire, mais il est vital d'en avoir un.

Amis lecteurs...
23 septembre 2015

Mon départ n'est pas une fin et c'est douloureux de quitter le journal, mais c'est obligé et c'est sans haine de qui que ce soit. Je l'ai annoncé à une radio de lycéens. Rien n'était prévu. C'est en arrivant dans le lycée vide, dans une fin de journée d'automne, de voir ces jeunes dynamiques et volontaires, je me suis dit c'est le moment de dire que je dois partir. Et j'ai gardé le silence...

Comme il est doux de vous écrire chaque semaine depuis douze ans. Luce, qui peste sur mon retard chronique, a toujours la gentillesse de me pardonner mes fautes.

Il me faut vous dire que, grâce à vous, j'ai compris ce que ressentait Barbara lorsqu'elle chantait avec toute son âme, « Ma plus belle histoire d'amour, c'est vous ». Notre histoire est singulière. Elle n'aurait jamais dû s'arrêter. Mais le destin, l'horreur, la terreur en ont décidé autrement. Écrire est un acte personnel au service des autres. Pour rédiger un texte, pour vous, il faut ressentir les choses humaines de l'amour, des souffrances, trouver du rire dans les drames et du sourire dans la bêtise, ne pas oublier les gestes de contestation des fourmis, les manifestations ombragées et inopinées des nuages, la force du temps et celle de la colère... Et avec tout ça, il faut rester à 4000 signes !

Amis lecteurs, chaque chronique que j'ai écrite était pétrie de vérité, de ce que j'éprouvais quand je voyais des gens terrorisés, accablés par la douleur, sidérés par la souffrance, ou des scènes à la Buster Keaton. Entrer à *Charlie* m'a permis de travailler avec les personnes les plus belles et créatives que j'aie pu rencontrer dans ma vie. Sans Gérard Biard, Mustapha Ourrad, Fred, Jean-Pascal, Luce Lapin, je n'aurais pas appris à écrire ces textes que vous avez lus. J'espère qu'ils vous ont plu !

Je me souviens des moments de conférence de rédaction avec tous ceux qui ne sont plus, mais aussi avec ceux qui sont encore là. Je me souviens de ces moments, rares, où certains trouvaient mes chroniques talentueuses. Il y a comme un mélange permanent entre le passé et le présent, et il est très difficile de se projeter dans l'avenir. Il y a eu tellement d'amour dans tout ça, car *Charlie* est sans doute une passion amoureuse. Quelle richesse et quelle beauté d'avoir tous ces souvenirs avec l'équipe de *Charlie Hebdo,* de Cavanna à Polac, en passant par Cabu, Wolinski, Honoré, Oncle Bernard, Tignous, Elsa Cayat, Charb, Luz, Philippe Lançon, Sylvie Coma, Willem, Valérie Manteau, Laurent Léger, Zineb El Rhazoui, Antonio Fischetti, Jean-Baptiste Thoret, Gros, Félix, Jean-Luc, Martine, Catherine et tous les autres…

Nos vies ont changé, mais la vie n'a pas changé. La terreur m'a séparé d'un des hommes les plus fidèles en amitié que j'aie connus, si bon et si intelligent. Je n'arrive plus à regarder mes textes sans ses dessins. J'ai perdu une ombre, j'ai perdu une lumière. Mais Charb est toujours là, et il m'arrive de rire tout seul grâce à ces souvenirs qui ne me quittent pas.

Rassurez-vous, je n'ai pas d'idées suicidaires ! Je ne suis pas devenu toxicomane, obsédé sexuel, photographe pernicieux, paresseux au travail, ni odieux avec qui que ce soit. Contrairement à certaines rumeurs colportées par de mauvais journalistes, je n'ai pas touché d'argent depuis les attentats, pas même du fonds d'indemnisation des victimes ! J'exerce mon métier à l'hôpital, comme toujours, ainsi que mon activité de syndicaliste. Mes journées devraient parfois compter plus de vingt-quatre heures pour que je puisse tout faire !

Je trouve que la direction du journal, menée par Riss et Éric, s'en sort bien dans ce tumulte de souffrances, et je suis sûr que l'équipe de *Charlie* va retrouver du sens à travailler ensemble et continuer ce merveilleux journal. *Charlie Hebdo* va vivre, pour le rire et pour le meilleur. Je ne quitte pas le journal par animosité, c'est juste que le temps a passé et qu'il est l'heure ! Je n'ai sans doute pas la force de continuer, mais surtout je dois garder le souvenir de ceux qui sont partis et, quelque part, une partie de moi s'est envolée, aussi, un 7 janvier.

Je préfère vous dire au revoir maintenant plutôt qu'à la fin de l'année. Je vais me consacrer avec bonheur à mes dernières chroniques. Être encore meilleur dans mon écriture et bienveillant à l'égard des autres. Je suis fier et heureux d'avoir fait partie de quelques chapitres de l'histoire de *Charlie Hebdo*. Je m'en vais sans fiesta ni champagne, avec le bonheur d'avoir été pendant un temps de ma vie dans un magnifique journal.

Ne plus écrire pour *Charlie,* c'est perdre le contact avec des gens du journal que j'aime, c'est enlever l'énergie du bouclage, ce tumulte galvanisant de la création pour vous faire rire et réfléchir. Ranger mes crayons et mes idées, ce n'est pas un acte de contestation, et ce n'est pas non plus pour donner raison à mes détracteurs. Juste un choix personnel et artistique. La force de se dire qu'il faut tourner la page, laisser la place à un renouveau de *Charlie,* à une nouvelle génération.

Amis lecteurs, nous n'en sommes pas là ! Soyez-en sûrs : les prochaines chroniques seront les plus drôles, les plus belles, les plus amoureuses... Demain sera plus beau qu'aujourd'hui.

La vie en feston

29 octobre 2015

Cette chronique est née du souvenir d'une conversation avec Wolinski sur les hauts et les bas de la vie. Il m'avait montré les tableaux qu'il faisait. Je me souviens d'un magnifique : un homme peignait de son appartement sa voisine d'en face et faisait une peinture murale de ses fesses !

La vie est une maladie chronique puisqu'on ne s'en sort pas, n'est-ce pas ?

C'est peut-être pessimiste, mais que voulez-vous faire d'autre que de vous ennuyer entre deux problèmes ou deux drames entrecoupés de petits instants de douceur, de bonheur, de rêve ? Il faut une sacrée force pour y arriver. Parfois, on se donne l'illusion qu'ils sont longs, ces bons moments, et que nous avons le temps, mais rien n'y fait... Le temps passe. C'est comme une roue qui tourne, un cycle périodique plus ou moins rond, un feston, cette guirlande de fleurs liée en cordon et qui est suspendue en forme d'arc le long des murs ou des toits. « Pauvre Martin, pauvre misère », chantait Brassens, et tel est son cas, sa vie est un feston avec du beau et du mauvais temps. Après de brèves études au lycée, vers 16 ans, il a commencé à travailler dans une mine, dans le Nord, car c'était le destin des mômes de cette région. Ah, pour sûr que ça ne rigolait pas, au fond du trou ! Il y a eu cette soirée d'ivresse et l'accident de voiture où ses potes sont morts. Il en a été désespéré, mais à l'époque les traumatismes psychologiques n'étaient pas reconnus. Il fallait être fort, serrer les dents, boire, encore, pour aller mieux... Ce chapitre de sa vie s'est refermé en même temps que le moteur des cages qui descendaient dans les entrailles de la terre a arrêté de tourner. Il a échappé aux maladies des mines et a connu le chômage, tout en sombrant dans l'alcool. Sa désespérance n'avait de couleur et de hauteur que celles des terrils. L'amour pour sa copine l'a remonté. Martin s'est marié. Il a fait des bébés. Il est parti. Itinéraire d'un enfant comme les autres. Son nouveau cycle s'est ouvert avec l'exode vers la région parisienne et un reclassement en tant que technicien dans une usine de bagnoles. Ses enfants ont grandi et ont fait de belles études. Sa femme a attrapé un mauvais crabe qui l'a fait agoniser quelques années. Pour qu'elle soit plus proche de l'hôpital qui la soignait, il a déménagé. Martin a bossé la nuit pour gagner un peu plus d'argent. Même si la maladie était prise en charge à 100 %, il y a toujours des choses à acheter qui ne sont pas remboursées. Il a tenu avec force et honneur, comme il l'a fait tatouer sur son avant-bras. Il y a eu des hauts et des bas en fonction des résultats de sa femme. La maladie est devenue la mort, sans tambour ni trompette. Il a pleuré son amour comme il ne pensait pas pouvoir le faire. Ce chapitre, Martin l'a fermé de lui-même pour en ouvrir avec courage un nouveau. Ses enfants avaient leur vie, son amour était au cimetière ; il était temps pour lui de tout changer, comme pour naître une nouvelle fois, pour profiter du temps présent. Son âge et son travail lui donnant droit à la retraite, il a tout vendu. Et il a réalisé son rêve : un bateau. Vous pourriez croire qu'il n'aimait pas sa vie d'avant, ou qu'il s'est fait chier. Pas du tout. Il a vécu plusieurs vies et avec autant d'amour que sa nouvelle épopée. Il a une sorte de résistance et de volonté de continuer. Certes, il n'avait jamais trop navigué, mais sa passion était la mer. Il a passé son permis bateau, puis est allé pendant un an dans une école de voile. Un matin, le capitaine Martin est parti voguer. Avec précaution. C'était il y a dix-huit mois.

Il est arrivé tant bien que mal au Brésil. Après de belles galères et autant de belles choses, c'est son cœur qui n'a pas tenu. Il a fait une insuffisance cardiaque qui a amarré son bateau au port et l'a conduit dans un hôpital de Rio qui a demandé son retour en France. Arrivé à Paris, il est passé par l'hôpital. Il s'en est sorti de justesse, mais cette nouvelle arcade de construction de sa vie aurait pu le faire désespérer... Pas du tout ! En sortant de l'hôpital, il a ouvert un nouveau chapitre : celui de son rôle de grand-père dans un petit appartement que ses enfants lui ont trouvé pas loin de chez eux. Malgré toutes les galères, la vie de Martin est riche, belle et variée, comme ces décorations festonnées qui accompagnent les plus belles fêtes.

... ce n'est qu'un début,
continuons le combat...

à suivre...

Mis en pages par DV Arts Graphiques à la Rochelle
Imprimé en France par CPI
Dépôt légal : octobre 2015
N° d'édition : 4926. – N° d'impression : 3013977
ISBN 978-2-7491-4926-4